其實你不用那麼好也沒關係

變得能夠把「求救」掛在嘴上吧！
幸福是從「誤解」中創造出來的

根本裕幸——著
林美琪——譯

今　日　こ　そ　自　分　を　甘　や　か　す

方舟文化

前言：感覺不幸福，是因為對自己太過嚴苛？

前來諮商或參加講座的人，幾乎都是有穩定工作，日常生活也過得相當充實的人。

然而，為何他們會說「我感覺不到幸福」呢？

當然，工作、伴侶、家人等方方面面，各有各的難題，然而我從他們的訴苦之中，發現到了一件事。

那就是：「**對自己過於苛求。**」

正所謂「嚴以律己，寬以待人」，他們對別人極為寬大仁厚，對自己卻總像個魔鬼教官般嚴厲。

明明已經很努力了，卻不認可自己；明明具有令人稱羨的魅力與價值，卻不願肯定自己……。

明明深獲旁人信賴，自己卻完全感受不到，於是說著「我好差，超爛」、「我得再加把勁」、「我再不像樣點就完了」，不斷給自己壓力。

你是否這樣想過：「**這不是很基本的嗎？但我卻做不到，根本廢柴一個。**」

你是否這樣責備過自己：「**大家都會，我卻不行，到底怎麼搞的！**」

當別人稱讚你時，你是否會這樣鞭策自己：「**不能就此滿足，一定要更加精進才行！**」

一個不斷追求理想，否定今日的自己的理想主義者……

認為凡事都要做到盡善盡美的完美主義者……

要求自己符合眾人期待的模範生……

你的行為與態度，是否也具有這些傾向呢？

又或者，你經常把「沒問題！」掛在嘴邊，一個人默默逞強；在意旁人（社會）目光而壓抑自己；老是貶低自我而缺乏自信……。你有這種狀況嗎？

本書就是要針對這類「律己甚嚴」的人，介紹許多觀念與做法，幫助大家放鬆身心、活得更加幸福自在。

寫完本書文稿之後，我自己再次閱讀，發現裡面有好多「顯然就是在跟從前的我說的話嘛！」

從前的我，就是一個律己甚嚴的人。

雖然已經是過去式了，但本書提到的許多例子，都可以套用在過去自我要求嚴苛的那個我身上。

說好聽是「不以現狀自滿，不斷自我成長」，但其實就是陷入了「現狀否定法則」中。

例如：我會拿自己與某個不斷精益求精的成功人士相比，進而以此否定當下的自己，並且時常高揭理想，貶抑尚未達成目標的自己。

我不但不接受別人的肯定，還一再恐嚇自己：「我還不行、還差得遠，要是鬆懈就完蛋了。」

如今回想，從前那個我，實在太用力、太逞強、太頑固了。

話雖如此，但若不是當時的我那麼拚命，哪會有今天的我呢？啊，要能夠轉念了悟到這點，果然需要歲月的積累。

不斷壓榨自己的那個我，在被工作燃燒殆盡、不知何去何從的十年前，終於迎來轉機。

我很想成為心理諮商師、很想開設講座，因而選擇了這份工作，然而我在過程中卻逐漸找不到目標，提不起幹勁。

正當我焦頭爛額時，雪上加霜地碰到家人及金錢上的問題，於是不得不將自己調整成「得設法做點什麼才行」的模式，進入不知是第幾次的人生改革期。

也是在那個時候我才發現，本來一直自以為頗有自信的我，沒想到自我肯定感居然那麼低。

我當時的生活方式、工作方式，與我後來奉為畢生志業的「自在的幸福生活模式」相去甚遠。

當時的我，是個理想主義者、完美主義者、在意旁人眼光的模範生。

為了擺脫那樣的自己，我開始放縱、偷懶，可以說，我的新目標就是成為一個懶人。

應是奏效了吧！**最近，我的朋友和客戶都跟我說：「你變得很放鬆喔，還會說『我也沒輒耶！』」**

如今，我已經懂得好好做自己、尊重自己的心情、該拜託別人的事就拜託別人了。

同時，我也會「在該加油時加油」，張弛有度地過生活。

這本書，就是我在檢討自己的人生之餘，同時參考客戶的經驗，所學習、領悟到的寶貴智慧。

我覺得：「我已經把平時做諮商或在講座上對客戶所說的話，全都匯整在本書中了。」

可以說，有本書在手，各位就不需要做心理諮商了（怎麼像是在打臉自己的工作？笑）。

本書將先介紹一些律己甚嚴的實際範例，並從心理學的角度剖析原因。

然後，我會進一步介紹鬆綁自己、放縱自己的具體方法。

此外，每個單元皆有附上簡單的提問及功課。只要一個一個做下去，讀完本書後，你將明顯感受到內心的變化。

讀到這裡，如果你有所感觸，那麼想必你與我、我的客戶們，都是同一類人。

由衷希望本書能幫助大家學會放縱自己，活出更輕鬆自在、更像自己的精彩人生。

根本裕幸

CONTENES

CONTENES

Chapter 2

嚴以律己之人慣有的「心魔」

Chapter 3

想更好，就對自己好一點

CONTENES

CONTENES

Chapter

1

失控的美德？
嚴以律己是雙面刃

律己者的「自虐式」思考框架

有一回，我在講座上問大家：「自認為自我要求很高的人請舉手。」結果，在場約三〇～四〇%的人舉起了手。

接著，我又問：「那麼，有沒有自認為對自己很寬容的人呢？」這次有二〇～三〇%的人舉手，而且似乎都帶著幾分客氣，或者說是抱歉的表情。

看到這種情況，我繼續說：「謝謝大家。一開始就舉手的人，真的是對自己超級嚴格、自我要求相當高；後來舉手的人，應該也是對自己很嚴格的人。至於沒有舉手的人，恐怕是對自己嚴格到昏頭吧！（笑）」

最後我的結論是：「各位都是律己甚嚴的人呢！」

也許你會說：「那幹嘛問啊！」但我的目的是要大家確認——自己是「嚴以

律己」，或是「寬以待己」？或者是根本搞不清楚？

一般認為，亞洲人多半律己甚嚴。我每次去參加座談會或講座，也都有這樣的感覺。

「嚴謹」、「堅毅」、「認真」、「善良」、「模範生」、「完美主義」……，可以用這類辭彙形容的人太多了。

而且，表面說是理想主義，但其實是自我厭惡：「明明不〇〇不行，偏偏我死也做不到，爛透！」這樣的人比想像中還多。

根據調查，日本人的自我肯定感之低，高居全球之首，癥結就在這個自我厭惡感太過強烈的民族性。

在講座上，我有時也會問些不一樣的問題，例如：

「會講英語的人請舉手好嗎？」

若在東京這麼問，約有二〇~三〇%的人會舉手；進一步詢問後，能發現有人是「歸國子女」，有人「在外資企業上班」，有人「曾經出國留學」……全都有著了不起的經驗及技能。

這讓我想起不久前，在電視上看到的一段訪問泰國年輕人的影片。

在泰國城市的大街上，日本導播問圍在身邊的一群泰國年輕人說：「你們當中，有沒有人會說日語？」

起初他們鴉雀無聲，但當口譯員將導播的問題翻譯成泰語後，他們紛紛舉手說：「我！我會說日語！」

如果真會日語，應該不等口譯員翻譯就會立刻舉起手才對吧？

接著，導播問其中一名年輕人：「那，請你說一下日語好嗎？」年輕人二話不說便得意地喊出：「壽司！富士山！天婦羅！」其他年輕人則連連拍手叫好：「哇，好厲害！」

或許這個例子有點極端，但我認為開口說日語的泰國年輕人，正好可以給我們一點啟示，幫助我們從「律己甚嚴」的煩惱中解脫。

「律己甚嚴」的人，容易陷溺在下列思考框架中。如果你仔細看看，應該會發現這些要求多麼強人所難——

■「會英語」的標準是，日常會話毫無問題，多益八百分左右，商用英語也有相當程度。

■「很會做菜」的標準是，最起碼米其林一星。

■「工作能力好」的標準是，必須連續三次榮獲社長獎。

這些就是我們「律己甚嚴」（更正確的說法是「以嚴格的標準要求自己」）的證據。

以前面泰國年輕人的例子來看，如果會說「壽司！富士山！天婦羅！」就算是會說日語，那麼，你會說幾國語言呢？

英語自不在話下，法語、德語、義大利語、西班牙語、韓語等，這些主要語言應該都算會說吧？

其實，本來就是。

我們都對自己太過嚴格了。

而且，我們周遭的人，也都對自己相當嚴格。

因此，大家都沒注意到「我們律己甚嚴」這個事實。

何止如此，往往只要我們稍微偷懶，或稍微表示自己做不到，肯定就有人指責：「你對自己太好了！」

簡直像是一心一意苦修求開悟的苦行僧，或是一板一眼不容馬虎的軍人。

當然，如果你發願「開悟」而在深山中閉關、在瀑布下打坐，那麼你自可以嚴格要求自己。

但如果你沒這個打算，只想獲得平凡的幸福，那麼你的這些「標準」只會逼死自己罷了。

QUESTION

你對自己要求太高嗎？或者，你對自己太好了呢？

過高的衡量標準，過低的幸福指數

各位從網路或報章雜誌上，應該曾看過許多調查都指出，日本人的幸福指數相當低。

不少住在日本的外國人，或是曾在外國居住過的日本人，都有一個共同的疑問：「為什麼日本人會這麼不快樂呢？」

自來水可以直接生飲、就業機會多、街上有很多美味的餐廳、能在超商立即買到生活必需品、人人親切善良、鮮少暴動事件、教育普及、住家安全、很多地方即便夜晚一人獨行也不會有問題……。

當然，近年來，貧窮已成社會問題，貧富差距持續擴大都是不爭的事實，但整體而言，日本是富裕且安全的。然而，住在這樣的國度裡，能夠大方、滿足地說出「我很幸福！」的人，其實不多。

「硬要說的話，我想我是幸福的。」

「這麼說來，我肯定是幸福的。」

「其實我的環境很好，我應該覺得幸福才對……。」

在心理諮商的現場，常常可以聽見這樣的聲音。

「如果你這麼想，表示你沒有真正感到幸福吧？」

我通常都會這樣反問對方，不過，從「律己甚嚴」的角度來看，他們這樣子的想法並不讓人意外。

和「會說英語」一樣，我們對「幸福」的標準也很嚴格。

之所以會有這種心理，多半是受到「社會大眾的眼光」、「理想主義」等的影響，這點我後面會再介紹。

「如果我說我很幸福，萬一遭人嫉妒怎麼辦？萬一被人吐槽『你那樣算幸福嗎？』怎麼辦？所以還是別認為自己很幸福比較好吧！」

「家人和睦、工作順利、財富自由、住家舒適、朋友很多，要這樣才算幸福吧？我現在連幸福的車尾燈都看不到。」

很多人都是這麼想的。

當你如此不自覺地把「幸福」的標準提高之後，你就不會容許自己有幸福的感受了。

QUESTION

你最近一次感受到：「啊，我現在好幸福！」是什麼時候？

或者，你是支支吾吾地說：「別人看我，或許覺得我很幸福，可是……。」

暗藏內心，自我束縛的「潛規則」

律己甚嚴的人，會在各方面以「嚴格的標準」規範自己；除此之外，不少人也會被社會上的「潛規則」、「禮教」等束縛。

然而，這其中真正的問題是出在「並未發現到，自己用過於嚴苛的標準困住了自己」。

諮商過程中，我總會問客戶各式各樣的問題，藉以爬梳他們的內在思緒；我發現，很多人都會把某些「自己沒意識到的標準」視為理所當然。

我舉一個例子。

有位三十多歲的女士前來諮商夫妻問題。我們談到：「為了讓自己顯得更有女人味，能不能再次穿起婚前喜歡穿的迷你裙？」

當時這位女士猶豫不決地說：「我都三十幾了，還穿迷你裙是不是太那個了一點……。」

可見，她已經不自覺地在內心建立起「三十多歲的已婚婦女，不能再穿迷你裙」的標準了。

如果是「沒興趣」、「不喜歡」那還不必多談，但若理由是「已經三十多歲了」、「已經結婚了」等等，不免讓人懷疑那是否是她真正的想法。

或者，恐怕是在不知不覺間過度在意別人的眼光而被同化了吧？

在我的居住地大阪有一條潛規則：「你裝傻，我就吐槽。」

我是上大學才到大阪的，一開始很不適應這種文化。

於是，我的大阪人同學常常會很突然地吐我槽：「我都裝傻了，你還不快吐槽！」其實，大阪人之間的對話真的超有趣，總是讓我忍不住笑出來，但當我一進入他們的圈圈，就會倍感壓力。

「我不會說笑話，就算對方裝傻，也沒辦法馬上反應，所以說，我是個無聊的傢伙……。」

沒多久，我便有了這種想法。

後來，我碰到的人多了，才發現很多不是關西出身的同學都有這種想法。不只如此，就算是大阪人，也曾有人跟我說：「說話不好笑，一直是我這麼多年來的自卑……。」

一人裝傻、一人吐槽，本是為了炒熱氣氛，逗大家開心，但當它變成一條牢不可破的「潛規則」捆住人心後，就讓人感到難受了。

在我們的生活周遭、我們的內心，都存在著許多這樣的「標準」、「潛規則」。不妨注意一下吧，你平時會不會隨口說出這類話語：「這種時候，通常都會○○吧？」、「△△不是很理所當然嗎？」、「這是常識吧？」

這些，就是你給自己訂下的標準、潛規則。

如果你常常感到苦悶、難受，很可能在你的內心之中有許多標準及潛規則困擾著你。

首先，你應該正視這件事才對。

WORK

從一早起床到夜晚入睡前的這段日常生活中，是否混入了許多你內心訂立的「標準」、你不自覺遵守著的「潛規則」？請好好檢查一下。

被「羞恥心」限制著一舉一動

大家普遍認為，亞洲人十分在意別人的目光。常想「人們會怎麼想？怎麼看呢？」對輿論耿耿於懷。

前面曾提到的那位「三十多歲，不想穿迷你裙」的女士也是一樣，她本身並不討厭迷你裙，但因為在意著「要是穿上迷你裙，別人會怎麼看呢？」最終心生抗拒。

新冠疫情爆發後，人人出門都戴上口罩。然而日本一項問卷調查卻顯示，比起認為「有必要，所以戴上口罩」的人，認為「大家都戴，所以我也戴」的人反而壓倒性地占多數。

最近，有一位小姐來找我諮商，原因是被母親碎碎念：「都一把年紀了還沒結婚，有夠丟臉。每次鄰居問我『你們家○○，怎麼還不結婚？』我就好痛苦。」

這位小姐一直將心思投入在工作和興趣之中，也一直以為母親是完全支持她的，母親這番抱怨讓她深受打擊。

在意別人的目光、在意輿論……，等於是害怕「社會大眾的目光」。

社會大眾的目光會在你心中製造「羞恥心」。

一旦開始將社會大眾的目光當成行為準則，就會相當在意：

「別人會怎麼看？」

「別人會不會否定我？」

「我這樣做沒問題嗎？會不會被大家笑？」

「如果搞砸了，會不會被大家當傻瓜？」

「我雖然這麼想，但恐怕會被大家炎上[1]……。」

當你開始如此胡思亂想並限制起自己的行動，**就會逐漸養成「以嚴格的標準**

監視自身行動」的習慣。

這麼一來，不但失去自由，也感覺不到幸福或快樂。更由於凡事都以社會大眾的目光為行動準則，最後變得只會採取「安全」、「平常」、「無害」的行動。

久而久之，在意社會大眾目光而採取的行動也會夾帶著壓力。那麼，你認為這個壓力的出口會是哪裡呢？

「我都做得很好，你也要好好做！」

就會像這樣，自己做到的事，便要求別人也要做到。

如果別人做不到，就會進行無理的攻擊，即所謂的「炎上」事件[1]。

新冠疫情期間，在日本很常聽到所謂的「同調壓力」[2]。

1 編註：日本網路用語，意指在網路上造成事件或引起紛爭，導致遭受網友群起攻擊的狀況。
2 譯註：日本用語，指為了合群而不得不配合大眾言行的一種壓力。

例如「大家都在忍耐，你也得忍耐。」這種話，也是一種潛規則，而創造出這條規則的，正是社會大眾的目光。

QUESTION

哪些事讓你小心翼翼，避免引發負評呢？這些事讓你變得綁手綁腳了嗎？

大眾目光是扼殺夢想的惡因？

若太在意社會大眾的目光，人就容易變得表裡不一，過著以他人目光為主的「他人本位」生活。

即便想做某件事，只要意識到可能遭人批評，就會放棄。

即便想挑戰某事，只要意識到可能遭到旁人評論、嘲笑，就會放棄。

我有一位客戶，約二、三十歲，為了實現自己多年的夢想而報考了國家資格考試。他說，他學生時代就想考國考了，但當時缺乏自信，後來又忙於打工和玩要而一度放棄。

直到進入社會就業後，他又重新燃起無論如何都要挑戰國考的鬥志。

當他找身邊的人商量時，沒料到竟然得到一致反對：

「好不容易到一流企業上班，卻要辭職換跑道？萬一失敗怎麼辦？」

「從現在開始準備到真正考上，還要好幾年吧？這段時間你要怎麼活？明明現在就有不錯的薪水，這不是太可惜了嗎？」

「都這個年紀了還考國考，看起來好像很了不起，但你不覺得年紀太大了嗎？我認為繼續做目前的工作才是明智之舉啦！」

這些「忠告」，有的來自父母。

就連他當時職場的上司及同事，也大多持反對意見。

「我很好看你的，你不繼續做太可惜了。」有前輩這麼對他說。

雖然不是所有人都否定他，但畢竟反對意見占大多數，讓他倍覺心累。

不過，他依然不放棄夢想地挑戰到底，幾年後，順利考上了。

這下子，當初那些不贊成的人，全都反過來恭喜他了，前後轉變令人感到五味雜陳。

他雖然突破社會大眾的目光挑戰成功，但也一臉苦笑地說：「要是失敗了，大家不知會怎麼笑我、怎麼酸我，我想那種壓力才更叫人受不了。」可見，他依然在意「社會大眾的目光」。

社會大眾的目光讓人產生同調壓力，壓抑了冒險挑戰的意志。

這位客戶雖然成功突破了，但其實有很多人在不知不覺中都因受到社會大眾目光的壓力而放棄夢想。

這麼一來，放棄夢想的這份不滿，就會轉為「嫉妒」，變得嫉妒起其他勇於挑戰夢想的人。

嫉妒令人痛苦，人人避之唯恐不及，因此這樣的人就會希望別人打消挑戰的念頭。

「我已經放棄追求夢想了，你最好也放棄。」

旁人之所以阻止他考國考，真正的內心話其實是這一句。

在意社會大眾的目光，受縛於潛規則的結果，就是放棄自己想做的事，變成一個無法勇於挑戰的人，與此同時，也會變成所謂的「夢想殺手」，無法支持勇於挑挑戰的人。

你不覺得這樣很悲哀嗎？

你能夠全心全意支持勇於挑戰的人嗎？

或者，你會加以否定，當對方是傻瓜，甚至來個眼不見為淨呢？

QUESTION

此時此刻，什麼事情讓你在意社會大眾的目光而不敢挑戰呢？

或者從前，你是否曾有過這樣的經驗？

搞錯人生主角的「他人本位」思考

前面稍微提過的「他人本位」，我想在這裡再說明一下。

所謂「他人本位」，就是以他人的想法為優先；反之，以自己的意志為優先，則稱為「自我本位」。

他人本位的思想、行為模式，主要有下列幾個特徵——

- 做事時，總是在意旁人的想法。
- 所做所為會避免被人討厭、被人當成傻瓜。
- 比起自己的心情，更在意他人的心情。
- 任何行為都在符合別人的期待。

■為了贏得好印象，即便不喜歡也會忍耐為之。（犧牲）
■比起自己的想法，更在意旁人的想法。
■會配合他人的行動以免被孤立。
■說話的主語不是「我」，而總變成其他人。

上述種種，都顯示出「他人大於自己」。這些人總在不知不覺中，以他人為優先，將自己擺在了後面。**這裡的「他人」不僅是指某個人，也可以是「公司」、「金錢」、「工作」等。**因為慣於把自己的情感和想法擺在後面，一味配合旁人、依賴他人而行動，他們逐漸變得難以自主行動。也因此容易累積壓力、身心俱疲。

若養成「他人本位」的習慣，還會變得不能確定自己的想法及心情，例如：「不知道自己有什麼感覺」、「不確定自己究竟想做什麼」……。

事實上，那些嚴格的標準多半都來自「他人本位」。而社會大眾的目光及潛規則，其實也不是別的，就是「他人本位」。

因此，我建議大家擺脫「他人本位」，改為「自我本位」。

「自我本位」並非「無視旁人的意見，全部以自我為中心」，而是在行動之前，先傾聽「自己」的聲音。先接受自己的心情，再考量別人的心情。先了解自己的想法及價值觀後，再詢問對方的意見。「那個人是說〇〇啦，可是我的想法是△△吧！」要像這樣，在自己與別人之間清楚地畫出區隔線。

「他人本位」的人正因老是把自他的順序顛倒，所以才過得很辛苦吧！

QUESTION

「此刻最想做的事情是什麼？」你能立即回答得出來嗎？

源於創傷的「信念」是心靈枷鎖

我們心中的嚴格標準，以及會不自覺服從的潛規則，在心理學上稱為「信念」（Belief）。

我個人有時也會稱之為「自我原則」、「認定」。

據說我們每個人心中，至少都有數千個「信念」。有些信念很棒，但有些信念會自我限制、剝奪自由。

許多信念是「心理創傷」造成的。**因為經歷過痛苦，人們為了避免二度傷害，便給自己套上了名為「信念」的鎧甲。**

就像曾遭到背叛的人，會向天發誓：「我再也不相信任何人。」

曾因失敗受盡嘲笑的人，會不斷提醒自己：「千萬不能再重蹈覆轍……。」

學歷遭到否定而受傷的人，會自我設限：「反正這就是一個學歷至上的社會，我學歷這麼低，不可能被接受的。」

曾被嫌「你年紀太大了，所以……」而受傷的人，會自己認定：「果然，年紀大就是沒用啊！」

這些「信念」不只來自你自己的經驗，也會來自於你所看到過的行為，有時甚至會將別人的話（信念）直接灌入自己的腦海中。

「我爸媽賺錢好辛苦，所以有錢才有幸福可言。」有些人就是抱著這樣的認定長大成人，最終變成了一個和父母一樣為錢所苦的人（非個人親身經驗，而是將父母的經驗轉換成自己的信念）。

有一位客戶曾對我說：「我媽和我爸感情不好，我媽常跟我碎碎念：『你眼睛要擦亮啊，千萬要找個好一點的人結婚！』」結果這位客戶被這句話給綁住了，始終無法好好參加婚友聯誼活動。

這類信念大大小小且各式各樣，過程有多傷人，它就有多強烈，然後就這樣日漸限制了我們的思考與行動。

換句話說，當這些信念越多、越強，我們就越無法自由。

一旦為這些信念所縛，就會出現「必須這樣才行」、「不能那樣」、「那樣就完蛋了」等嚴厲的自我指責。各位身邊，恐怕也有不少人的身上都套著各種雜七雜八的信念吧？

「我是一個每天都要做早、午、晚三餐的家庭主婦。老實說，我不太會做菜，但我一直認為『我必須會做很多道菜』、『不能用冷凍食品，得親手做才行』。現在我才明白，我對自己太嚴格了。」

（M・C）

像這樣的信念越多，我們就離「幸福」越遙遠。

這些信念會在日常生活中不斷以高標準規範著我們，造成心靈困頓。

然而，可怕的是，很多人並未察覺到自己的潛意識中，存在著許多這樣的信念。只要傾聽前來諮商的客戶的心聲，就能明白問題出在這裡。

有時我會指出：「你很常說出這類的話吧，例如：『明明不能〇〇，卻偏偏……』或者『雖然不可以△△，我卻……』或者『應該要××才對，我竟然……』。」

此時，許多人都會驚訝地回答：「咦？我很常說嗎？」

你的情況又是如何呢？

WORK

請找出哪些事情讓你認定「應該～」、「不應該～」、「必須～」、「不行～」，或者「〇〇就是△△」呢？正是這些認定在形成你的「信念」。

模範生，幸福人生的錯誤示範？

所謂「模範生」，換個角度說，就是一直聽從老師和周遭人的話，去符合他們期待的人。

不給父母和老師惹麻煩、不造成他們的困擾、不讓他們操心、不惹他們生氣——由於這些人一直以這樣的標準在生活，對大人而言，無疑是乖巧且令人欣慰的，然而，當事者卻是處在「以他人為優先」的「他人本位」狀態。

這種人凡事都會先考慮「怎麼做才不會給大人添麻煩、不惹他們生氣？」，於是日漸失去「自我」。

也正因為不給人添麻煩，他們會更以「模範生」自許，並且更加努力地迎合眾人的期待。

如此一來，就會因為必須壓抑自身情緒、必須處處考量別人而心力交瘁。**然而，要是露出疲憊的表情，又可能會造成旁人的困擾，於是他們一直努力地保持笑容，努力到令人心疼。**

他們的內心始終矛盾不已。即便想壓抑，但有情緒是不爭的事實。模範生也會生氣、寂寞，也會有想偷懶、撒嬌的時候。因為不能表現出這樣的情緒，他們苦不堪言，彷彿心中住著一位嚴厲的魔鬼教官那般。

只要一偷懶，就飛踢過來。

要是說了任性的話，立刻被劈頭痛罵。

一旦想撒嬌，馬上被否決。

因為不能惹大人生氣，他們往往轉而對自己亂發脾氣。

在青春叛逆期間，模範生也會產生反抗心理。然而這種心理依然必須被自己嚴格取締，於是使得他內心的矛盾益發強烈。

等到長大成人，這種模式已經根深柢固，改也改不了了。

「我總是全心全力迎合對方的期待（理想），但要是做不好，我就會自我否定，心情沮喪。」

（I・E）

如此長大的模範生，會在某些機緣下會出現所謂的「燃燒殆盡症候群」，或是變得足不出戶、不知道自己想做什麼，完全失去內心的方向。

QUESTION

私下和朋友在一起很自由奔放，在職場就變成「乖乖牌好員工」……，你可有這類「模範生」徵兆？

越認真越辛苦，怎麼回事？

在一般人的觀念中，認真是好事，也是重要的事，可以幫我們贏得「信賴」，建立良好人際關係。然而，「太過認真」其實也會出現各種壞處——

- 不知變通。
- 一板一眼。
- 凡事計較。
- 沒幽默感。
- 固執己見。
- 給人壓力。

認真有時會給人這些感覺，並且進而演變成一種「不好玩」的狀態。

如果認真是某人的一種良好品格，那倒還好。只不過，大多數的狀況都是認真要求自己，同時也認真要求別人，態度一絲不苟。

我發現前來諮商的客戶當中，個性越認真的，越是容易為人際關係苦惱，工作方面也因缺乏創造性、不善臨機應變而吃盡苦頭。

不少人更因責任感太強、自我要求太高，又凡事過於一板一眼而簡直要逼死自己。

人們多半認為，認真是成長環境培養出來的一種品性、氣質，恐怕江山易改本性難移。

不過，在我遇到的人當中，幾乎沒有一個人是完全不具有「幽默感」、「玩心」的。

換句話說，雖因律己甚嚴而養成了「太過認真的個性」，但其實在他們內心裡都有著「玩心」、「幽默感」等要素。

因此，自認「個性過度認真」的人，只要在將「認真」視為優點的同時，一點一點地鬆綁自己，應該就能過得更加輕鬆自在了吧！

QUESTION

你會不會覺得自己太過認真呢？你會為此苦惱嗎？
或者，這種個性對你有幫助嗎？

好累，永不滿足的「理想主義」

「理想主義者」自然有好的一面與不好的一面。來找我諮商的客戶，多半是為不好那一面而來的。

「明明應該這樣才對，我卻做不到。」

「應該那樣做才是的，我卻完全沒轍。」

「一般人都做得到，為什麼我就是不行？」

「這麼簡單的事我都做不好，我得再加把勁啊！」

像這樣，拿「理想的自己」（應該的模樣）與「此時的自己」（做不到的模樣）相比，進而否定自身的例子十分常見。

理想主義者不認為「滿足現狀」是好事。即便締造佳績、做出眾望所歸的成果，也會認為「那是運氣好」、「那是眾人努力的結果」而不會雀躍欣喜。**有時甚至會不斷自責：「要是再拚一點，數字就會更好看才對。」**即便完成一個課題，理想主義者也會自動找出下一個課題。因此，他們總是在逼自己達到最理想狀態的路上，日漸身心俱疲。

每次遇到燃燒殆盡、疲憊不堪、瀕臨崩潰的人，我就會看到很多理想主義者的影子。

「我有些理想主義。每天下班回家，都會為上班時犯的錯或不當發言而強烈自責。這種自責有時會演變成罪惡感，進而攻擊對方。結果，把對方惹毛後，我又再次責備衝動的自己。」

「每次開始一項學習，例如：學語言、做運動，我都會徹底逼迫自己，並用這樣的高標準要求別人。我絕不容許『快樂學習』、『差不多就好，不必勉強』

這種事。」

（S・K）

從這段心聲，我們知道，這個人的自我要求真是太嚴苛了。

然而，他本人卻只覺得「我好差」。不僅不認可自身的成果，也一概不肯定自己的努力、價值及能力。

日本有句俗話：「隔壁人家的草坪比較綠。」**理想主義者就是一直「選擇住在翠綠草坪人家的隔壁」**。因此，他們永遠沒自信，自然感受不到幸福。

他們看不見手中之物的價值，只盯著自己還沒得到的東西，於是持續追求，永遠不滿足。

理想主義者多半被「應該～」、「不〇〇不行～」等信念束縛。那些信念雖讓人覺得「確實應該如此……」，但用它們來一一要求自己，最後只會窒息。

理想主義者習慣否定自己。又因為沒察覺到這個壞習慣，於是自我肯定感越來越低。**明明個性好、工作能力強、人緣佳，當然也很努力，卻偏偏完全不明白自己的價值。**

當然，高揭理想而奮勇前進自然可喜；昂首闊步並朝目標邁進自然可賀，理想主義者本應如此。然而許多人因無法自我肯定而一再自我苛求，最後都已經變成「自我霸凌」了。

那些老是認為「我好差，我要更努力」的人，恐怕就是深陷於這樣的理想主義之中吧！

WORK

請看看你心中那個「理想的自己」。你是不是常常將「理想的自己」與「目前的自己」做比較，認為「我好差勁」呢？

「要求完美」是在苛求自己做辦不到的事

「理想主義」還有個近親，即「完美主義」——凡事要求完美，極度厭惡不完美狀態。

當然，完美主義能讓事情往好的方向發展，不過，有時也會壓得自己喘不過氣來。

這裡的「完美」，說穿了只是自己認定的「完美」，並非客觀目標。因此，只能算是自我本位式的一種標準罷了。

其實，我也有幾分完美主義。

「凡事都要好好做」、「不做好不行」、「非得拿出好東西才行」……我也會被這樣的信念給綁住。

雖然已經寫了二十多本書，但我每次都壓力很大，滿腦子不停轉著想寫的內容。而且一旦下筆，我就會被「非得寫出很棒的內容不可」、「我一定要好好寫」等念頭搞得十分焦慮；寫到後半段，還會開始煩惱：「會不會前後矛盾？道理都說得通嗎？」、「有沒有漏掉的？有沒有忘記說的？」

之所以如此，是因為我認定：「寫書就要好好寫，必須寫出值得一讀的好書。」當然，我也認為：「要按時交稿，絕不能拖稿。」

因此，寫書期間我總是心浮氣躁，給家人添了不少麻煩。等書上市後，我又開始擔心：「千萬要賣得好啊！」完美主義的心態處處表露無遺。

能寫出我想寫的書，理應感到高興才對，但執筆過程實在令我痛苦，一直到這一、兩年，我才終於能夠打從心裡感覺到：「寫書真快樂！」

在此之前，我時不時便自我懷疑：「我喜歡寫作，也想寫很多書，但會不會其實我並不想寫書呢？」

直到最近——應該是我對寫書的完美主義磨掉不少了吧？我真心覺得寫書好快樂、自我挑戰好刺激，並且敢拍胸脯保證，寫書是我真心想做的事。

完美主義者就像從前的我一樣，會不斷下達「好好做」、「認真做」、「堅持下去」的口令，隨時自我監視，活像個如影隨形的魔鬼教官，猛對自己抽鞭子，非逼出完美不可。

我們都知道，世上沒有真正完美的事。深陷完美主義，就像在跑一場沒有終點的馬拉松，終將燃燒殆盡，頹然倒下。

如此寸步不讓地鞭策自己，肯定會使人身心俱疲。

也就是說，完美主義者都在殘忍地苛求自己。

這種時候，不應再要求完美，而是要抱持「活在當下，盡力而為」的態度，如此才能夠解脫身心，輕鬆自在。

「做得到就做得到，做不到也強求不來。因此，但求對做得到的事盡力而為就好。」

這是我在諮商時，經常對客戶說的話。

因為，理想主義也好、完美主義也罷，都是在苛求自己去做做不到的事。

「盡力而為」的意識，換個角度說，就是一種「接受自己無能為力」的勇氣。

只要抱持這樣的意識，就能讓身心輕鬆許多。

WORK

請想一想，在日常生活中，哪些時候你會「完美主義」作祟，下令自己「好好做」、「認真做」、「堅持下去」呢？

Chapter

2

嚴以律己之人
慣有的「心魔」

對別人超級好，對自己卻……

嚴以律己的人，對待別人的態度通常都與對待自己的態度恰恰相反。

下面就來介紹幾個讀者的心聲吧！

「對於別人犯的錯，我總是心想：『人非聖賢，孰能無過。我沒注意到人家犯錯，所以我也有責任，大家肯定也是這麼想的。』至於自己犯的錯，我就會認為完全是我一個人的責任。啊，好想消失……！」

（S・S）

「和別人約會，我一定嚴格要求自己『絕不能遲到』，所以都是早早就在約定地點等待。可是，別人遲到時我卻不太在意，甚至認為『剛好讓我有時間閒晃』，我覺得我好像對自己太嚴格了。」

（O・N）

「我會安慰別人：『人生中有失敗是理所當然的。』但要是自己失敗，就會覺得再也無法挽回而腦中一片空白。」

「對別人的小小進步，我會稱讚：『你好棒喔！』但對自己就會想：『也才這樣而已……。』有時完成一件事，覺得：『我好像進步了耶！』但馬上又會找出比自己更厲害的人來鞭策自己：『你看，你還差得遠呢……。』」

（E・M）

「我正在上心理諮商輔導課程，有些事情目前還做不好是理所當然的，但我老會自我厭惡：『這裡做得不好！』、『這種說法不行！』、『這種諮商最糟糕了！』其他同學要是有跟我一樣的狀況，我並不會挑他們毛病，而會找出他們做得不錯的地方加以讚美，但對於自己，我就只會挑毛病了。」

（K・N）

「對別人都很好，能夠理解、原諒別人，看見別人的價值」，但明明做的事情都一樣，換作自己時，卻是「嚴以律己，絕不寬貸」。

你會這樣嗎？

這樣的人，真的很善良。

向來獨立、精進不懈的人，多半有這種傾向，而一路走來，他們就是這樣鞭策自己的，因此認為嚴以律己乃天經地義，渾然不覺對自己的要求過於嚴苛。

這樣的人，其實很大器、有遠見、相當聰明；能夠看見、理解、接受別人。

然而他們卻往往看不到自己的這些優點，原因在於，他們**簡直是將自己排除**

在蚊帳之外。

嚴以律己的人，其實都很有魅力、很有價值，個性相當優秀。

只可惜，他們總否定自己的優點，因此經常讓人不由得納悶：「為什麼你會對自己這麼嚴厲？你就這麼討厭自己嗎？」

WORK

「別人的話就算了，是自己的話絕不原諒」，你的內心裡發生過多少這類事情呢？

眼中只有他人之物的價值

這裡要講的和前一單元有點類似。

律己甚嚴的人常有下面這樣的想法：

「我有低估自己能力的傾向。例如，我考取某項證照，但因為目前沒在用，就不怎麼看重它……。然而別人的證照即便沒在用，我也會覺得很了不起。我做什麼事都感覺不到自己能力、成果的累積，彷彿那是一座沙子堆起的城堡，結果導致我太過逞強而身心俱疲。」

（I・K）

這位Ｉ・Ｋ的狀況是——感覺不到「證照」的價值，並因而感到空虛。除此之外，也有的人是對於另一半、工作內容、住家、愛車、愛用的包包、設計師精心設計的髮型等事物感到空虛。對於某些事，你是不是也有這種無力、空虛的感覺呢？

明明看得見別人擁有之物的價值，但當同樣東西放到自己身上之後，卻完全感受不到其價值。

這就是律己甚嚴、自我否定感過強所引發的現象。

Ｉ・Ｋ的證照必然有其價值存在，然而因為他律己甚嚴，結果自己就完全感受不到了。

除了上述狀況，**這種類型的人還會努力爭取「別人所擁有的有價值之物」，只不過一旦爭取到手，又會立刻覺得那是「沒有價值的東西」。**

唉，真是太可惜了，這種現象的發生，就是「律己甚嚴，沒有認知到自我價值」的證據。

如果你看不見自己的價值，自然看不見你所擁有之物的價值。

QUESTION

你能確實感受到自己擁有之物的價值嗎？

慣性罪惡感作祟，不懂自我珍惜

想當然爾，如果律己嚴苛，老是狠鞭自己，自然不會善待自己。豈止如此，還可能會不斷傷害自己。說到底，這樣的人就是不懂珍愛自己。

「我會給老公、孩子穿好一點的衣服，但我是家庭主婦，不用外出上班，所以已經好幾年沒給自己買衣服了。」相信說過這種話的人應該不少吧？這些主婦們原本就對時尚沒興趣嗎？其實剛好相反，很多人在結婚前都是熱愛打扮的。

身為家庭主婦，做出撙節支出的考量固然很正常，但是否太過勉強自己忍著不買衣服了呢？

有時，這些人的心聲甚至讓我覺得：「也太像苦行僧了吧？」如果這是追求開悟而做的修行，那還能理解，但有些人是自己找理由禁止自己開心快樂，簡直就像是在自我懲罰。

「我總會苦口婆心地勸告年邁的父母，天氣炎熱時要早點開冷氣。但我一個人住，開冷氣太浪費了，所以都不開的。」

（I・M）

恐怕很多人都是如此吧——本來是出於「怕浪費」的心情，沒想到最後卻轉而變成「強迫自己忍耐」了。

還有——

「我討厭目前的工作，它根本不適合我，但我一直忍著，就這麼過了十多年。我心裡常常發出『NO』的聲音，但我都不理它，要求自己忍耐再忍耐。」

（M・R）

「明明我請的是特休，但總會有種別人都在努力，只有自己一個人在蹺班的感覺。」

（S・K）

看完上面這兩則心聲，除了覺得：「他們對自己太嚴苛了吧？」你是不是也有看到幾分自己的身影呢？

這，不是自我霸凌是什麼？

就這麼討厭自己嗎？

就這麼想傷害自己嗎？

就非得這樣懲罰自己不可嗎？

看完這些例子，我不由得發出這樣的慨嘆。

不能好好珍愛自己，背後的原因往往是「罪惡感」作祟。

罪惡感會讓人將自己視為重大罪犯，關進苦牢，處以重度勞動等嚴刑峻罰。

當然，還奪走了自身的幸福快樂，迫使自己過著無聊的生活（關於罪惡感，我會在第三章詳細介紹）。

如果你視自己為犯人，就會如此嚴厲地苛刻自己。

但是，一個不懂得珍愛自己的人，有可能幸福嗎？

你身邊的人看到你這樣對待自己，會感到開心嗎？

WORK

請思考一下，有哪些情況讓你覺得：「啊，我沒有好好珍愛自己……。」

幸福如青鳥，永遠在未來

「有了〇〇，才會幸福。」
「我要是〇〇的話，就會幸福了。」
「變成〇〇的話，就能幸福了。」

各位會這麼想嗎？

「〇〇」可能是金錢、想做的工作、理想的伴侶、資格、學歷、時間、健康等，也有可能是「如果爸媽不需要我照顧」、「假使職場的上司能更加寬大為懷」、「我要是更有能力的話」等，簡單來說就是某種以「如果～」為前提的「假設」語句。

這些其實都是一種「否定當下的自己」的說法。表示你認為「現在的我因為沒有〇〇，所以不能幸福」。

各位知道「青鳥症候群」嗎？有這種症狀的人會無法接受當下的自己、無法看見自己擁有之物的價值、無法感受到此時此刻的幸福，因而產生不滿足感，不斷地追尋「自己沒有的東西（青鳥）」。

於是，永遠也不會感到幸福。

百般追尋的「〇〇」到手後，又會如何呢？

通常這些人又會立刻找出新的「〇〇」。

例如：「我認為有錢才會幸福，所以一直很拚，但有了錢以後，我仍然不幸福。果然還是要有個心靈相通的伴侶才會幸福啊！」

由於這種人會否定「當下」的自己，因此不論是有錢或沒錢的自己，一概都予以否定。我稱這種現象為**「現狀否定法則」**。

只要還不斷追尋著青鳥，我們就無法在「當下」感到幸福。即便有錢、有心靈相通的伴侶，只要不改掉「否定當下」的毛病，就不可能有幸福感。

必須具備某些條件才有幸福可言嗎？

我常建議大家這樣做：「尋找當下的幸福。」一如大家都曾有過的經驗，我們往往在遭逢天災或新冠疫情而失去重要之物時，才會發現「那時候的我其實很幸福」。在這世界上有著很多「失去後才知其價值」的東西。

但我們每個人都只能活在「當下」，因此，請務必珍惜「當下的幸福」。

WORK

「有〇〇的話，就會幸福了。」話中的「〇〇」，讓你想到哪些東西呢？

以「不想輸」的倔強，輸掉了自己

說起來，有不少人都身陷下列困境——說好聽是責任感強，但其實是為了迎合旁人的期待，或者為了完成被交付的任務，日日過勞——

「工作已經太多，還要忍受職權騷擾、精神暴力，結果把身體搞壞，出現自律神經失調、類似憂鬱的症狀，但我憑著『不想跟這些傢伙認輸』的一口氣撐著，繼續拚命。」

（E・R）

我的諮商室裡，有太多這種過度逞強的人。

就連身體搞壞了都要去上班，這樣是好事嗎？恐怕只會對身心造成極大的負擔吧？

「只是有點發燒而已，還是打起精神上班去吧！」

「就要交貨了，下班後留下來做，甚至是假日加班趕工，也是應該的。」

「生理期來好痛，但還是會裝沒事把工作做完。」

……

你也擁有這樣的價值觀嗎？

如果你從小，不論學才藝、讀書考試、社團活動、打工，都是拚盡全力，那表示你已經養成「全力打拚」的習慣，並且帶著這個習慣步入了社會。

若不論在家庭或工作上，你都認定「當然要全力打拚」而終日忙碌不已。我認為這就是律己甚嚴的態度使然。你覺得呢？

習慣有時很可怕，它讓人即使已經過勞仍覺得理所當然，而且心靈麻痺到無法察覺自己的過度疲累狀態。

即便內心發出求救訊號：「好累喔，拚過頭了啦！再這樣下去很不妙，最好休息一下！」你也察覺不到。

就算察覺到了，可能也只會嚴格地自我批判：「我還很差，還不能鬆懈！」無視內心的求救。

相信你也有過這種經驗吧？

再說，**一旦養成了習慣，人們就會逐漸變得「不這麼做就很不舒服」了吧？**也正因此，向來律己甚嚴的拚命三郎，常會因為「不繼續拚命就不舒服」而一再硬撐。

拚命到勉強自己的人，對任何事都會這麼拚命，也因此，變得離幸福越來越遙遠。

「起初，我只是為了瘦身、健康、恢復精神等目的而運動，可是，當我開始上健身房後，就是每週五天！開始在家重訓，就是每天做！走路訓練，就會距離越走越長！」

「每一天，即便我累得要命，深感力不從心、提不起勁，我仍然會鞭策自己，用盡義務的態度全力以赴。可是，幾個月後我身心俱疲，只好把這些事全部停掉了。這時候我才發現：『啊，我太拚命、太逞強了！』我想，我真的是對自己太嚴苛了。」

（H・H）

「我明明這麼努力，怎麼都感覺不到幸福？」這種聲音應該很常聽到吧？這些人們一直為了追求幸福而努力不懈，但結果卻不如預期。

「我開了一家美容沙龍。只要有人預約，我就不會休息，絕對客戶至上、服務至上。懷孕期間，我孕吐相當地嚴重，有時其實都難受到快死了，但仍會強忍想吐的衝動，笑容可掬地服務客人。待送走客人後，我才衝進廁所……，這種情況持續了好幾個月。當時我連一天都沒有休息，如今想想，那段日子簡直活在地獄之中。」

「前幾年開始，我終於能運用我的超能力在自己快要發燒時把症狀壓下去了（笑），然後一直忍耐到週末才整個人躺平睡死。」

「放假或空閒時，其實可以整個放空的，但我總覺得這樣好浪費時間，所以一直都在利用空檔學習或看書，提升自己。」

「寫到這裡，我突然覺得我應該對自己好一點的……（笑）」

（M・M）

像這樣的拚命三郎，一開始確實會給人不錯的印象，但要是繼續無視自己的真心，一再鞭策、苛刻自己，肯定不會受歡迎。

你是不是也一直律己甚嚴呢？說不定此時此刻你的真心，正在發出痛苦的求救聲。

QUESTION

目前，你正在為什麼事情拚命努力呢？
又，什麼事情是你從過去一直拚命努力到現在的呢？

緊繃神經，反而導致彈性疲乏

有人說：「我其實是個又懶又邋遢的人，我得對自己嚴格一點才行。」

也有人說：「我要是稍微放鬆一下，就會變成一隻大懶蟲，所以我管自己管得很嚴。」

你也曾經這麼想過嗎？

奇怪的是，「真正的懶惰蟲」都沒有自己很懶惰的自覺。他們認為自己很正常，沒什麼不好，沒有問題。

而那些懷疑自己「我會不會是個懶惰蟲？」的人，其實一點都不懶，甚至可以說是拚命三郎。他們會為了不變成懶惰蟲而嚴格地監視自己。

這種狀況就像有個魔鬼教官在背後緊盯著一樣，讓人完全無法放鬆。

為什麼你會有「不能變成懶惰蟲」的觀念呢？應該是因為你一直被要求要勤勉向上、認真負責、努力不懈吧？

是因為你若不這樣，就會被父母臭罵一頓吧？

是因為你身邊的人都是拚命三郎，你根本沒有成為懶惰蟲的餘地吧？

是因為「要是變成懶惰蟲該如何是好？」的不安在作祟吧？

當你認定「不能變成懶惰蟲」之後，就會因為害怕變成懶惰蟲而讓魔鬼教官緊迫盯人，更會因嚴格的自我要求而心靈困頓。

當然，你的身體也會發出悲鳴。然而只要「這是在偷懶吧？」的念頭一出現，你就不會休息、不會放鬆也不會轉換心情，只能一直陷於緊張狀態中，變得不繼續努力也不行了。

我所見過說著「我其實是個懶惰鬼」、「我要是稍微鬆懈，就會變成一隻大懶蟲」等話的這些人，即便稍微鬆懈、摸魚打混、不付出全力，也不會真的變成懶惰蟲。

但由於他們太害怕自己變懶，於是不斷嚴以律己，搞到最後就是恐懼感被無限放大。

當個懶惰蟲，真的那麼罪大惡極嗎？

我要奉勸這些朋友，何妨放縱自己一點，何妨就當個懶惰蟲？

「你可以再偷懶一點！你可以再打混一點！」

這是我身為諮商師所建議的提案。

「有時緊一點，有時鬆一點」這樣或許比較容易理解吧。

該努力時努力、能偷懶就偷懶的人，反而工作比較帶勁，比較能做出成績吧。你認為呢？

如果你認同這個觀點，那麼請想一想：「是不是可以再懶惰一點？」這個轉念，應該就會是改變的開始。

律己甚嚴的人在獨處的時候，有時會突然覺得自己好像什麼都做不了。

「因為衣服該換季了，上週末我原本想好好整理衣櫃。雖然時間都已經空出來了，但早上卻爬不起來，即便醒著也全身發懶，爬不出棉被，結果一轉眼就到傍晚了。如果放假當天沒事，我會一整天穿著睡衣追劇、滑手機，無所事事地混過一天。」

我的客戶常這樣說。

不知你是否也發生過這種情形呢？

若有，我想告訴你，客觀來看：「平時一直那麼努力，疲勞累積到假日爆發出來，讓人想懶懶散散過日子，也是沒辦法的事啊！」

只不過，由於這些客戶都是律己甚嚴的人，聽到我這麼說，他們給我的反應總是：「也許吧，但懶散就是不行，再說，我平時也沒有那麼努力啦！」立刻就否定了自己。

這些人只要和別人在一起，尤其是在非工作場合下，例如：「和朋友見面」、「和戀人約會」等時候，那個要求極為嚴格的魔鬼教官就會現形。

認真工作、和朋友開心玩、和戀人甜蜜相處，在這些理應快快樂樂的時光，他們卻老是嚴格地監視著自己。於是不知不覺便感到筋疲力盡。

總要等到沒有安排活動的假日，魔鬼教官終於可以放假了，你才得以從他的監視中解脫。

於是，平常有多緊張，這時就有多懶散，疲勞炸裂，什麼事也做不了。

接著，放假完回去上班時，魔鬼教官也跟著上班了。這時你又會自責起那個「渾渾噩噩、散散漫漫，無所事事的自己」，例如：「明明打算好好整理衣服的，結果……，難得的放假都白白浪費掉了。」

恐怕我們都是這麼嚴以律己的吧？

QUESTION

沒安排活動的假日，一個人無所事事時，你會開心地說：「好棒！今天終於可以好好恢復精神了！」或是自責只會耍廢呢？

否定自我價值，自貶挫敗地獄

我在做心理諮商時，都會告訴客戶他有哪些價值、優點和魅力。例如：「總的來說，你的個性很好，你在說話前和做事情前，都會考量別人的立場和感受，所以說，你的溝通能力相當強。」

只不過，能夠大方接受，並說「好開心，我都不知道自己有這樣的價值呢，真是謝謝你。」的人，少之又少。

絕大多數的客戶都是採取否定態度：「沒有啦，我才沒那麼好，我很想考量別人的心情感受，但老是做不好，淨給人添麻煩。」

如何？你是大方接受讚美，或是全面否定呢？

我的客戶曾經跟我說：

「雖然有人說我很漂亮、很可愛，但我都覺得這些人眼光太差了。別人讚美我時，都會讓我想起自己的缺點。」

（S・K）

「做家事、金錢管理我都還行，長相和個性也還過得去，但我就是覺得自己結不了婚，可能連找對象都很難吧！」

（A・Y）

聽到這樣的話，我都想脫口說出：「你還真是努力不去接受自己的價值和魅力啊！」

這些客戶都有一個共通毛病，就是對於前面提過的「個性好」、「可愛」、

「會做家事」等，抱有一套自己認定的嚴格標準，或者，因為律己甚嚴，總是一概否定別人的讚美。

努力用功並順利通過資格考試、在婚友聯誼活動中找到對象且穩定交往中、工作表現優異而獲得上司稱讚等，明明也有著這些令人欣喜的成果，偏偏有人就是不接受。

「不能這麼容易滿足。」

「一放鬆就會出亂子，千萬大意不得。」

「這麼簡單的事，誰不會啊！」

這種人的自我要求就是這麼嚴格。

「要是事情做得不錯，我就會拚命去找：『這是誰的功勞、誰幫的忙？』完全不認為是自己努力換來的。」

（S・S）

「我是一名塔羅牌老師，在東京、福岡都有開課，能夠當這樣的自由工作者，我非常感恩。只是，當別人說我『好厲害』、『一直很努力』時，我都無法開心，我覺得自己只是『碰巧招得到學生』、『運氣好』罷了。」

「為什麼我會這樣想呢？因為我根本就不夠努力。我明明可以更努力的，但我沒有。」

「我也不是什麼事都沒做，但我老覺得：『明明可以更努力的……，我就是太懶散了。』」

（S・K）

就連這種說法我都聽過。明明做得很好（成績斐然），本人卻沒信心接受，毫無自我肯定感。

你是否也有這種「只是碰巧罷了」、「不是自己努力來的成果」的想法呢？

接著，你大概就會繼續鞭策自己：「還不夠努力！」不管做出什麼成績，都無法肯定自己吧！

我自己有時也會有這種想法。應該說，每個人內心都有這個面向。

如果你全面否定自己的價值與成果，不斷催逼自己努力再努力，或者，你一直找出自己的缺失，進而霸凌自己，你當然會自我肯定感掃地，完全失去自信。

律己甚嚴的結果，就是將自己打進挫敗地獄之中。

你是不是也養成這種毛病了呢？

WORK

請回想一下你最近被身邊人讚美的事、做出成果的事。當時，你是開開心心地接受，或是對自己採取嚴格的態度呢？

Chapter 3

想更好，
就對自己好一點

強逼結果未必好，專注「當下能做的事」

這裡有個提升自我肯定感的好方法，就是「將當下自己能做的事和不能做的事區分開來」。

重點在於「當下的自己」。

此處所指的事情包括了「昨天的自己或許做得到，但今天的自己做不到的事」、「身體好時能輕鬆駕馭，但身體欠佳的此刻非常難完成的事」。

當你把焦點鎖定在「自己」時，就會發現每個人都有拿手與不拿手的事，別人會的自己不會，一點都不奇怪。

就像大家同在一間教室裡排排坐著聽課，每個人的理解度與興趣程度一定也不一樣。

因此，不同的人、不同的狀態，「會做的事」、「不會做的事」自然不同。

或許有人會覺得這番話：「不是理所當然嗎？」

可是，律己甚嚴的人就是做不到。

律己甚嚴的人往往會先責怪自己：

「昨天可以，今天卻不行，是哪裡不對勁啊！」

「精神不好，是我的自我管理太差了！」

還會跟別人比較：「別人都做得到，為什麼我就做不到……？」如此完全否定自己。

有人甚至把自己當機器人，要求自己每天都達到相同的品質，或是自我期許、自我鞭策：「做到是理所當然的。」、「這點小事，我應該沒問題才對。」

總搞得好像硬要伸手去拿根本搆不到的東西，然後又責怪自己怎麼拿不到，這不是太荒謬了嗎？

人的身體和心情狀況每天都在變化是很正常的，這一點，你能接受嗎？

同樣地，你和別人不一樣也是很正常的事，你能接受嗎？能夠接受到什麼程度呢？

我彷彿聽到有人說：「理智上是知道啦，但……。」（笑）

雖然理智上知道，但你還是會要求自己要讓身體和心情都保持在最佳的穩定狀態吧？

可是，我們不但受到氣壓、天候的影響，也會受到家庭、職場等環境的影響，人際關係的影響也很大。若是女性，荷爾蒙的影響更是難受。

「身體和心情狀況每天都不一樣！」這是很正常的事，請務必充分理解。

「我要和周遭的人一樣！」

「別人做得到，我也一定要做到。」

另一方面，你是不是也這麼認定呢？然而這個差異其實就是人們所謂的「個性」啊。

別人做得到而自己做不到的事情多如牛毛，但律己甚嚴的人卻不願意接受這個事實。

他們總愛與別人比較，一心認定「隔壁人家的草坪比較綠」，進而陷入自我否定的窘境。

不過，有時這種自我否定也會起反作用，讓人沉浸在「優越感」中——只要看到比自己更差的人，就覺得鬆了一口氣。

例如會自我安慰：「和那人比起來，我好多了！」或者自鳴得意：「因為這個我做得到！」

其實，這也是自我厭惡、自我否定的表徵。愛現的人往往是超沒自信的人。

我想，各位身邊都有這樣的人吧！

我也有性情不定的時候，每一天的表現都不一樣。寫這本書的過程中，有時我會文思泉湧、下筆如飛，有時也會無法專心，懶懶散散。

過去的我，總是責備這樣的自己──

「再這樣下去就沒辦法準時交稿了。」

「昨天明明可以寫這麼多，要是今天寫不出來，還算是個作家嗎？」

因此，即便自己根本無法專心我也會硬寫。然而隔天再讀時往往發現根本不行，只能重新來過。

這類經驗罄竹難書，於是我終於改變想法：「寫不下去就不要寫，不必過度勉強，開心寫作最重要。」

進度太慢無法準時交稿，造成編輯的困擾時，我也會轉念：「如果硬交出我自己都不滿意的稿子，不是更慘嗎？」（本書也請求了編輯讓我延遲交稿！）

如果用我自己都不滿意的稿子出版成書，我必定後悔，也會愧對各位讀者。

換句話說，我的想法已經變成：**「將當下自己『做得到的事』與『做不到的事』區分開來，只盡力去做『做得到的事』。」**

因此，當我無法專心寫稿時，我就做別的事。其實今天就是這樣，一直到剛剛，我都還暫時把稿子放一邊，回信件、整理一下學生檔案、看看YouTube等，做當下能做的事。

結果，意外在做這些事的過程中，有了這個單元的想法，於是便得以順利動筆了。

QUESTION

你希望將心力投注在什麼事情上呢？

無須感罪惡，尊重「不想做」的心情

請找出一件你現在應該做的事情。

「洗碗盤」、「為明天的事情做好足夠準備」、「寫完下週要交的報告」、「回訊息」……什麼都可以。

「那是你此時此刻做得到的事，還是做不到的事？」

請問問自己。

然後，傾聽內心的聲音。

如果聽到的是「做得到！」那就告訴自己：「好！」然後好好去做。

如果聽到的是「做不到！」那就告訴自己：「不行，我現在沒辦法！」然後暫停。

如果聽到的回答是「不做不行！」請你勇敢地告訴自己：「好！那我就先不做了！」

「不做不行」通常就是「不想做」。

因此，請尊重這份「不想做」的心情。

尊重自己的心情，是律己甚嚴的人十分重要的功課。

如果你還聽到：「要是做了別的事，根本沒辦法工作，會被老闆罵的！」之類的回答，別管三七二十一，不斷跟自己說「沒事！沒事！」就對了。

請先暫停，去做做別的事，或者休息一下、玩耍一下。

沒有必要帶著罪惡感。

或許你仍會聽到「要是那樣，就會一直一事無成啊！」的聲音，但仍請告訴自己：「也許吧，但沒事的。」

順帶一提，諸如「會被老闆罵」、「會一事無成」這種用恐懼來威脅自己的做法，正是「他人本位」、不相信自己的證據。

因此，請好好說服自己：「千萬別上當了！」

如果你有非做不可的事，但自己做不到，請向別人求援。

很多人不擅於向人求援。

律己甚嚴的人多半認定「怎麼能向人求援！」而自己苦撐。

因此，適時地「向別人求援，拜託別人」也是律己甚嚴的人改變自己的一大挑戰。

最後，如果你真的有**「非自己做不可，不馬上做就糟了」的事情，那就把它**

當成是提升自我肯定感的大好機會吧。

請告訴自己：「其實也不是非做不可，但能夠努力去做，這樣的我挺了不起的！」將如此重要的事情對自己說三遍，然後全力以赴吧！

也別忘了對認真努力的自己多多讚美喔！

若能採用這種方式，你就會自然有所為或有所不為，並且能進一步提升自我肯定感。

WORK

請捫心自問：「那是當下做得到的事？還是做不到的事？」然後傾聽內心真正的聲音。

容許妥協，今天不加油也可以

關於前一單元所提到的「將做得到和做不到的事情區別開來」，容我在這裡再多敘述一下。

自我肯定感高的人，會根據身體、心情狀況而靈活調整，例如：「今天感覺很不錯，全力拚了！」、「今天好像不怎麼帶勁，乾脆放鬆一下吧。」

這是因為他明白勉強令人痛苦，且容易表現不佳，因此接受了自己的現況。

然而，律己甚嚴的人總不容許自己妥協。

他們永遠要求自己做出最佳表現。

可是，請各位想一想。

不正是因為難得出現，才會叫做「最佳」表現嗎？

最佳表現應該不是「正常發揮」的結果，而是「出乎意料」的好成績吧？那麼，以最佳表現來自我要求，不是自我霸凌又是什麼呢？

律己甚嚴的人，從好的角度來說，是深具上進心、不斷精進，達成目標後，就設定更高的目標策勵自己超越。

我每次看到這種人，就不由得想：「他們簡直是以成為國家代表隊為目標的運動選手嘛！」

如果你覺得「我好像被說中了？」那麼請你務必好好查一下，這些選手為了拿出最佳表現，平時都做了哪些事。

「訓練有張有弛，充分休息。」

「確實按下暫停鍵，保有身心放鬆的時間。」

「硬做會受傷，所以會配合當天的身體狀況做訓練。」

「覺得身體不大對就找訓練師商量，改做些輕鬆的訓練。」

「進行想像訓練，以期做出最佳表現。」

……這些都是運動選手平時在做的事，提供各位參考。

如果將這些方法導入你的工作、日常生活中，會是如何呢？

如果不以最佳表現為基準的話，那要以什麼為基準呢？

我的建議是，以「我今天的最佳表現」為基準。

不是與過去或他人比較，而是將目標放在「今天的我能達到的最佳表現」。

這點和前面提到的「當下自己做得到與做不到的事」一樣。

今天的最佳表現和昨天的最佳表現不同是理所當然的。

即便是同一天，在不同時間也會有不同表現，上午和下午不一樣很自然。早起的人上午狀態佳，但夜貓子可能到了傍晚才開始有活力。

「盡力達到今日的最佳表現。」只要抱持這個觀念即可。

我的經驗是，如果我覺得「今天狀態超好的」，當天寫稿就能寫出一萬字。但有時隔天會不知哪根筋不對勁，腸枯思竭。

這種時候，我就告訴自己：「哎呀，總會有寫不出來的時候。」於是便寫寫停停，做做別的事，寫多少算多少，有時還會抱著：「哇，我這樣還能寫出二、三千字，真幸運！」的心情。這麼一來，有時候甚至會意外寫出一萬五千字，居然是狀態好時的一．五倍，連我自己都嚇到了。

雖然寫稿的時間不同，但這個經驗讓我重新領悟到：「用自己的節奏工作是最有效率的！」

WORK

請根據每一天的狀況，訂出每一天的最佳狀態。

在壓力超載前，惦惦自己的斤兩

如果被人家說：「惦惦自己的斤兩！」相信你應該會很火大吧。抱歉。

我在心理諮商中，有時候會對客戶說出這樣的話（當然，我並不會用命令的語氣）。

我的語氣大約是：「對現在的你而言，或許有件事很重要，那就是惦惦自己的斤兩。」

「惦惦自己的斤兩」很重要。以下為你列舉出各種範例，並且翻譯成簡單易懂的大白話。

「不要再對自己過度期待了。你知道那樣會讓你崩潰嗎？」

明明你就快要崩潰了，卻還在拚命努力，告訴自己「我做得到」？我希望你能按下「暫停鍵」，因為你的心已經到達極限了，無法回應你的期待了。

「你幹嘛給自己這麼大壓力？你這不是已經超載了嗎？」

你給自己的工作量和壓力明顯超載了。你現在活像是一部超載到貨物就要滿出來的小貨車，已經開得歪歪扭扭了。

「你打算把自己逼到什麼程度？你以為自己是無敵的嗎？」

或許你真的「很強」，但當你已經把自己搞得七葷八素時，希望你能適可而止，這是在自我霸凌。

「你可以承認自己已經到臨界點了。難道你還想騙自己沒事嗎？」

明明就已經到臨界點了，你卻還在逼自己硬撐！你想騙自己沒事的心情我懂，但根本不是這樣的好嗎？根本不是沒事好嗎？

「好累時就應該說好累，你的心已經在哀嚎了不是嗎？」都累成這樣了，幹嘛還硬撐？幹嘛還這樣折磨自己呢？有聽見你內心的哀嚎嗎？請你好好傾聽內心的聲音。

讀到這些話，是不是讓你內心一驚呢？

其實我想告訴各位的是：「請你好好看看此時的自己。」好好承認：「我想要騙自己沒事，但其實有事。」、「我好累，根本不想再努力了！」

承認需要勇氣，而且還有可能導致自我厭惡。

可是，你應該已經發覺到了，再這樣子下去是不行的，狀況早就已經超過你的極限了。

請「惦惦自己的斤兩」，了解當下的自己，接受當下的自己。可以的話，把這句俗語記在你的腦海中吧！

QUESTION

面對哪些事情，你覺得有必要「惦惦自己的斤兩」呢？

用「恐懼」自我鞭策，很快就疲乏

你是不是自認「我這樣不行，這樣下去不可能成功」而拚命努力著？

工作、減肥、婚友聯誼活動、自我磨練、資格考試……，諸如此類上進心的展現，相信你可能都會先設定好目標，全力以赴。不過，請先看看下列這段話：

「我這樣不行」，不就是斷然地否定自己，只一味地拚命努力嗎？

如果你是屬於「不打不成器」的人，那沒話說。

但如果你是「稱讚才會進步」的人，那麼在你否定自己之後，恐怕就會喪失鬥志了。

即便你想鞭策自己：「這樣不行啊，我得再更努力才能成功！」這句話依舊會像一把利刃抵在你的喉間，令你百般難受。

其實，這種鞭策方式不過是利用「恐懼」來威逼自己的一種心理戰，沒有什麼效果。

拿減肥來說，通常都得花上幾個月至半年時間才會看到成果吧！

假使律己甚嚴的你用「恐懼」來逼自己減肥。你心中的魔鬼教官就會跑出來，不斷在你的耳邊威脅：「你吃了就會肥死！」、「好好想一想這個熱量有多高吧！」、「說什麼肚子餓，也太溺愛自己了吧！」、「還要再加把勁，再更嚴格地限制飲食才行！」

這樣減肥能夠成功嗎？恐怕還沒有成功，就先受不了魔鬼教官的威脅而逃之夭夭了。

用「恐懼」來鞭策自己，說穿了就是將恐懼壓迫在自己身上。試想，喉嚨被一把利刃長時間堵著，誰受得了呢？

為了提起幹勁而給自己壓力，這招有時候確實有效。

不過，那是在緊急的、短時間的狀況下才會奏效，例如：「今天要是沒把資料整理好，就會趕不上明天的提案！」

但如果是長期的目標，不斷自我否定只會日漸削弱幹勁罷了。

心理學上有這樣的觀點——

「恐懼」具有爆發力，但沒有續航力。

「愛」沒有爆發力，但有續航力。

當學校的老師喊出：「喂！你們通通給我站起來！」大家便會自動起身，繃緊神經。這就是爆發力。

但是，在站著聽老師訓話幾十分鐘後，大家便會變得精疲力盡，待老師一離開教室，恐怕就整個人都癱在椅子上了吧。換句話說，在這種狀況下人們沒有續航力。

反之，當老師輕鬆地說：「嗨，各位同學，請起——立！」大家應該會邊納悶：「什麼事啊？」邊左看右看地站起來。也就是說，沒有爆發力。

因為沒有壓力，此時大家通常不會一動不動地站著，而是採取較輕鬆的姿勢。因此即便老師溫和地訓話幾十分鐘，應該都還挺得住。換句話說，這種狀況下比較有續航力。

如果你要做的事情不是短時間內可以解決的，那麼最初的第一步用「恐懼」來鞭策自己雖然無妨，但是接下來就得改用「愛」才行。

說到「愛」，你或許覺得題目有點大，但其實它指的就是**「喜悅、快樂、開心、舒服」等正向的情緒**。

若想要減肥成功，再別用「再這樣下去就慘了，不瘦下來會沒人要！」這類話語來威脅自己，而應該要以「怎麼樣才能減肥減得開心呢？」這樣正向的情緒來面對。

你可以提出欲望，例如：「如果減肥成功，我就能穿很多漂亮的衣服了！也會有很多男生追求我！大家都會說我好可愛！」也可以把重點放在健康上：「減肥成功的話，身體會變輕盈，行動會變得靈活俐落，更重要的是身體變健康了，心情也會更輕鬆愉快！」

「因為恐懼而不得不努力」是撐不了多久的。

因此，請務必思考：「該怎麼做才能樂在其中呢？」這也是一個讓自己快樂的絕佳練習機會。

WORK

如果你已經有了目標，那麼請思考一下——如何讓達到目標的過程變得愉快又有趣呢？

「競爭心態」是「缺乏自信」的武裝

律己甚嚴的人，往往在日常生活中與別人競爭、比較。有時會比出「那個人比我優秀」的結果；有時則會激發出競爭心理：「我不想輸給他！」

於是，每天都像在打仗。與他人對峙，主張自己的優越性；或是堅持誰尊誰卑，對方說點什麼就過度反應……。你會這樣嗎？

這種競爭心理特別會出現在做同樣工作的同事、夥伴等心理距離接近的人身上，等於是使人隨時隨地處在備戰狀態。

久而久之，便會長期緊張、無法放鬆，並因過度在意對方而變成「他人本位」了。

在這種狀況下，心累是一定的，人際關係也容易出問題，淪為麻煩製造者的情況應當也不在少數吧？

這種競爭心理不但會招來離婚危機；也有人因此與上司、同事起衝突而不得不離職。他們心中都有很多抱怨，例如：「我明明那麼努力！」、「我明明很優秀！」、「明明是我提出正確方案才讓事情順利進行的！」、「我的點子明明很新，實行起來更方便！」……。

每當我聽到這些不滿，都會同意：「確實如他們所說的，一點都沒錯啊！」也明白他們都是不折不扣的拚命三郎，可說是再優秀不過了。

不過，我同時也聽到他們隱藏在心底的一個祕密：**「我沒有自信。」**

其實，他們都對自己的魅力、實力毫無自信，但又認為不能夠這樣，於是不斷鞭策自己，努力尋求認同，努力渴望被愛。

他們為了掩飾脆弱，還會拿理論來武裝自己，展現自己良好的一面，用炫耀的方式來展示優勢。

換句話說，這種競爭心理越強的人，其實內心越脆弱。也因此，他們常用嚴苛的眼光監視自己，宛如魔鬼教官般緊迫盯人。

「那樣不會很累嗎？」每當我這麼問，已經談過一會兒話心情較放鬆的客戶總會苦笑著說：「是啊，的確很累。」並接著問我：「可是，我不知道該怎麼做才好，你能告訴我嗎？」

此時，我總會大膽建議對方：「認輸。」亦即，做出**「敗北宣言」**。

承認自己在與另一半的競爭中，輸了；承認自己在職場人際關係的競爭中，輸了。

事實上，另一半也好，職場人際關係也罷，原本就不該是我們的競爭對象，而是應該透過互助合作建立良好關係的夥伴才對吧？

儘管大家心裡理當都明白這一點，但依然會被競爭心理沖昏頭，究其原因就在於有所「恐懼」——怕暴露出弱點後，會被嫌棄、失望、嘲笑、拋棄、譏諷……。

於是，只能一再逞強。

若想要停止逞強，我的建議就是：「認輸。」

認輸等同發出敗北宣言：「我要退出競爭舞台了。」

「我輸了。你贏了。」

我會請客戶大聲將這句話說出來。由於通常對方總是難以啟齒，因此我會耐心等待。

說出口時，你可能會立即湧上猛烈的悽慘感、厭惡感、屈辱感。接著，會覺得自己好渺小、好卑微。

這是因為你覺得自己是個弱到爆的廢物，覺得自己一無是處、毫無價值。

「其實你一直都是這樣看待自己的吧？」

外表看起來既優秀又魅力十足、堅持且沉穩的人，其實內心隱藏著如此脆弱、自我厭惡的另一個自己。

為了隱藏這個自己，只好一味地逞強。

因此，**認輸等於是把另一個自己公諸於世。**

「即便我很弱，依然能被接受。」

「即便我很廢，依然能被認同。」

「即便我做不好，依然能被原諒。」

「大家依然愛這樣的我。」

若能有這種感受，人生想必會輕鬆許多吧！

競爭的世界就是不斷地在決勝負，縱使連戰連勝，也是孤獨的。

但是，只要能夠承認自己的弱點，原諒差勁的自己，就能進一步向人求助、拜託別人、依賴別人、放過自己了。

如此一來，你將不再獨自逞強，而能與人建立連結。

有句格言說：「你的弱點會變成對方的強項。」

簡單來說，就算你不一個人努力，只要讓對方來幫助、補足你的弱點；相反地，你也去幫忙、補足對方的弱點，就能形成一個「團隊關係」了。

換句話說，你不必一個人全扛，大可請人幫忙。

這樣不是輕鬆多了嗎？

競爭心理有其正向的一面，例如：「對方的努力，會激發出自己的勇氣與幹勁。」不過，也有專門扯後腿的一面，例如本節介紹的「掩飾沒有自信的事實，一味爭勝負」。

若處於後者狀態，任誰都無法獲得幸福，這樣的人總是用嚴苛的標準監視自己，要不了多久就燃燒殆盡了。

這種時候，「認輸」是非常有效的。

WORK

請想像總是與你對峙的對手就在眼前，然後大聲對他說：「我輸了。」你應能感受到內心深處真實的情感，也會有卸下重擔的輕鬆感吧。如果還沒有這種感覺，就繼續認輸，直到浮現輕鬆感為止。

感受無分好壞，接納是最好的情緒解方

我認為，律己甚嚴的人最終要挑戰的一大目標是：「我能對自己誠實到什麼程度？」

這裡的誠實，指的是承認自己的真實情感。

覺得辛苦時，就說：「我好辛苦。」

不喜歡時，就說：「我不喜歡。」

感到寂寞，就說：「我好寂寞。」

覺得丟臉，就說：「我好丟臉。」

難過時，就說：「我好難過。」

生氣時，就說：「我好生氣。」

覺得痛苦時，就說：「我好痛苦。」
感到抱歉時，就說：「我很抱歉。」

即便你在心裡認為：「我不能有那種感覺。」但感覺到就是感覺到了，建議你誠實以對吧！

當然，我們的心沒那麼單純。
「我不喜歡不甘心、自怨自艾的自己；又覺得因為氣惱對方、不想輸給對方而跟他槓上的自己實在太小家子氣了，我討厭這樣的自己。可是，我也不想讓人看出我的矛盾與糾結，只好表面上逞強到底……。」
要如此誠實地承認自己的情緒，著實不易。
不過，全部承認吧！
勇敢地舉起白旗，承認那就是你內心最真實的狀態。

無關好壞、正確與否，因為你的內心確實如此，就承認吧！

「我是個很麻煩的女人。」

「我超難搞的。」

很多來諮商的人都會說這樣的話，而我總會立刻告訴他們：「沒有人是不麻煩的，也沒有人是不難搞的。」

如此糾結、苦惱、狀似好強又脆弱的自己，正是「當下的自己」。

因此，你只能接受了。

我的客戶以及部落格的朋友，都說我的口頭禪是**「沒輸了」**。

「沒輸了」正是對自己誠實的一個口令，在此推薦給大家。

你可以理直氣壯地說：「生氣就生氣，沒輸了，因為這就是我的感覺啊！」

用一句「沒輸了」，完完全全地接受自己的情緒，這就是自我肯定感。

不論有何情緒，全都誠實以對。

即便在人前逞強，即便違反自己的主張而不願承認，但，感覺到了就是感覺到了，沒轍了。

只有這樣，你才能真正接受自己的心思。

WORK

今天一整天，請你完全誠實地接受自己感受到的情緒，告訴自己：「感覺到就是感覺到了，沒轍了。」

喜歡就喜歡，討厭就討厭

別想太多，請試著大聲說出十次：「喜歡就喜歡，討厭就討厭！」

律己甚嚴的人通常沒辦法好好說出口，或者只能硬邦邦地說出來。你呢？你能流暢地說出口嗎？

這點也和前面的主題「對自己誠實」有關。

對於喜歡的東西，會想：「不能喜歡那種東西，太幼稚了，會被笑，太丟臉了，太難看了。」

對於討厭的東西，會想：「不能討厭東討厭西，討厭那個太奇怪了。明明就有人喜歡，所以我絕不能討厭那個。」

——律己甚嚴的人很容易掉入這種思考陷阱中。

律己甚嚴的人有時會不容許自己有「喜歡」的感覺，禁止自己去喜歡事物，以至於呈現「不知道自己喜歡什麼」、「沒有喜歡的東西」的狀態。

「喜歡」、「討厭」明明是很自然的感受，但他們卻常會用理智壓抑情感，告訴自己：「應該喜歡！」、「不准討厭！」

舉例來說——

「上司是因為他很能幹才能晉升到管理職的，所以即便我跟他合不來，也不能討厭他。」

「我這個樣子人家都敢要了，我要是不喜歡就太失禮了。」

「青色的魚非常營養，沒常識的人才會討厭吃。」

律己甚嚴的人會用上述這類「正確」、「理論」、「常識」來控制自己的情感。不光是好惡而已，他們甚至會不明白自己的情緒，老是受制於「該怎麼辦？該怎麼做才對？不能做哪些事？」而真正的感受，就自然而然地被壓抑下去了。

於是，他們逐漸變得面無表情，凡事皆提不起興趣，感覺自己「不知道什麼是好玩的？什麼是有趣的？」

久而久之，心情益發沉重，最後就連笑也笑不出來了。

我們是情感動物，壓抑情緒只會讓自己變成死板的機器人，甚至可能找不到生存意義。

「我究竟為何而活？」

從事心理諮商這麼多年，我碰到過太多次這個大哉問了。

要恢復活潑的情感，活得像個正常人，就要好好地「感受七情六欲」。

這時的口令就是：「喜歡就喜歡，討厭就討厭！」

環顧四周你會發現，越是好惡分明的心，越是活得神采奕奕。

對律己甚嚴的人來說，大方宣告：「我喜歡就喜歡，我討厭就討厭！」是活得更人性化的重要提醒。

你能夠毫不猶豫地「承認自己喜歡」或是「接受自己討厭」嗎？

正因為這個測試相當簡單，所以能成為觀察心態的一個重要指標。

WORK

請列出你喜歡和討厭的事物，各列出五十個。

做自己的好朋友，情義相挺不批判

誠實面對自己的情緒後，會逐漸產生各式各樣的糾結。

大部分糾結來源是小時候就奠定的觀念，例如對事情的判斷：「什麼是好的？什麼是壞的？怎麼樣才對？怎麼樣就錯了？」等。

舉例來說——

當你因為同事說了些沒啥大不了的事而生氣時，你是不是會心想：「為了這麼點小事就生氣，我的器量也太小了。」

＊

或者當你聽到朋友跟你說他要結婚，可能表面上開心地說：「恭喜恭喜！要發喜帖給我喔！」但內心其實感覺複雜，有嫉妒、不甘心、被超越的悽涼等情緒糾結在一起。

這時你是不是會想：「好朋友結婚應該要誠心祝福才對，我這樣實在是太糟糕了。」

＊

又或者，你工作上出了點小失誤，被上司唸了一下。

理智上你明白道歉就沒事了，但卻忍不住找了藉口辯解，惹得上司更生氣。

這時你是不是會責怪自己：「為什麼當時我不能虛心道歉呢？明明找藉口根本沒用！」

＊

還有，男友突然取消約會的場合……

妳可能跟他說：「喔，那也沒辦法，你這麼忙，就期待下次吧！工作好好加油喔！」但心裡一陣酸楚，還跟閨蜜抱怨不已。

儘管閨蜜也說：「如果妳不想取消約會，覺得寂寞，直接說不就得了！」但妳已經習慣當一個爛好人，表達不出真正的情緒，甚至討厭起這樣的自己。

不論哪一種場合，你都把自己真正的感受擺一邊，用理智判斷：「這時候應該這樣回答才對。」、「不能在這裡發脾氣。」

比起自己的情緒，你更重視的是「應該怎麼做才對」；或者忙著對自己的情緒做出好壞判斷。

或許你認為：「我都已經是大人了，應該這樣做才對。」但這樣做的結果只是壓抑了自己的情緒，然後好一段時間都悶悶不樂。

忽略情緒，以思考為優先，換來的就是鬱鬱寡歡。

據說，我們每個人都有千千萬萬個「應該這樣、應該那樣」的信念，而且會遵從各種價值觀，用「理智」來判斷正確與否。

然而，就是這些信念和價值觀壓迫著、束縛著我們的心，讓我們鬱鬱寡歡、悶悶不樂。

律己甚嚴的人會被這類信念和價值觀束縛得更厲害，一旦「沒有做出正確的行為」、「沒有採取正確的行動」，就會毫不留情地懲罰自己。

因此，先誠實面對自己的情緒，然後盡可能放掉「受制於這些信念、價值觀的理智判斷」，這點相當重要。

每次在為客戶做心理諮商時，我都會跟他們強調這點。

有時我還會直接地指出：「啊，你又用大腦在思考下判斷，然後懲罰自己了！」、「你看，你又在糾結正不正確的問題了！」

不能即時反應過來也沒關係，畢竟這是長年的老毛病，非一朝一夕可改。

不過，當你生氣而討厭自己、面對好友結婚無法真心歡喜、拉不下臉直接道歉、在男友面前扮起乖乖女時，你應該先嘗試接受：「做都做了，沒轍了。」

然後，「肯定」這樣的自己。

「啊，我這個人真是太小家子氣了，可是，生氣就生氣了，那也沒轍了。」

「沒辦法真心向要結婚的朋友道恭喜，這也是沒辦法的事，因為人家也好想結婚啊！」

「犯錯就找藉口很正常啊，說起來還真是我的作風呢！」

「他那麼忙，我當然不好意思說好寂寞、好難過什麼的啊！」

亦即，**「用對待好朋友的方式來對待自己」**。

也因此，我在心理諮商時，常會問客戶以下問題。

「如果你的好朋友這樣跟你說，你會怎麼回應呢？例如，好友說：『同事說了一句我不喜歡聽的話，我就火大起來，我覺得我心胸太狹窄了。』這時你會怎麼回他呢？」

總不至於對朋友說「真的，你真是個心胸狹窄的人」吧？這時候，我們通常應該會回答：「這種事常有啊，誰都會吧，你才不是心胸狹窄呢！」不是嗎？

我在第二章中也曾提過，律己甚嚴的你，其實對朋友都相當好，同樣的事如果換作發生在你朋友身上，你一定能原諒他。

因此，請你不斷自我提醒：「用對待朋友的方式來對待自己。」那樣，你就能對自己好一點了。

這種「接受」（接納）和「肯定」用在自己身上或許很難，但只要換個角度想：「如果事情發生在朋友身上，我會怎麼跟他說呢？」我想你就能改掉律己甚嚴的毛病了。

久而久之，那些掐住你的信念、價值觀便會逐漸瓦解，你也就能越來越不在意它們了。

WORK

請回想，你最近一次對自己下了嚴格批判並自責的情景。如果這件事發生在你朋友身上，你會怎麼對他說呢？

掃除「無價值感」，你的優秀並非僥倖

你是否也因為各式各樣原因，例如：胸懷崇高的理想、抱持「不可滿足於現狀」的想法、莫名其妙的自我厭惡……一再地否定自己的價值呢？

相信正在閱讀本書的你至今已有「律己甚嚴」的自覺了，因此，請逐一回答下列問題。

作答時請暫時闔上書本。

請花三分鐘找出三十個你的魅力、價值、優點等。

……如何呢？

找到了幾個？

如果你找不到三十個，那麼你必須警覺：「啊，我就是自我要求太過嚴格，才會看不到自己的價值。」

「我沒有值得人愛的價值」，這種情緒我們稱為**「無價值感」**。

「無價值感」正是自責的一大要素，也是律己甚嚴的人常有的一種情緒。

一旦有了「無價值感」，不僅會認為「我沒有被愛的價值」，也會用「沒有魅力、沒有才能、沒有優點，根本一無是處」來評斷自己。

也因此，這些人會認定：「我老會失戀，就是因為我毫無魅力。」、「我沒有朋友，就是因為我一無是處。」還會相信：「只有這種低薪公司願意雇用我，就是因為我沒有才能。」

只要事情一不順利，他們就滿腦子都是：「因為我沒有價值。」

還有些讀者表示：「即便事情進展得很順利，也不認為是自己的成果。」這也是無價值感作祟的結果。

無價值感作祟的時候，通常只會看見自己糟糕的部分，嚴重時，甚至會認為：「我根本連存在的價值都沒有。」

心情惡劣到極點，陷入悲慘世界，覺得自己丟臉死了，覺得自己渺小得如滄海一粟，覺得世界上少了自己也不會有誰在意，落寞得無以復加。

無價值感會塑造出一個讓人對自己深惡痛絕的世界。

無價值感存在於每個人的心中，一旦變強，就會接收不到愛。

自己獲得讚美也無法開心，做出成果也無法高興，總認為「一切都是巧合、運氣、僥倖」。

但是，當看見別人被讚美又自慚形穢：「啊，果然我就是個廢物！」明明這就是兩碼事，卻仍暗自惆悵。

由於他們也害怕沒價值的自己，一被晾在一旁就會失去存在感，被大家遺忘、忽略，因此有時反而會表現欲高張，用奇怪的方式展現自己。

律己甚嚴的人都用著嚴格的標準在看待自己，因此都有強烈的無價值感。

喜歡自己的三百個理由

那麼，該如何療癒這種無價值感呢？

當然，「多多找出自己的價值」這個簡單又有效的方法，相信人人都知道。

我便在專為學生設計的講座上，給他們出了一道功課。

「請設法找出一百個自己的價值、魅力、優點、才能。」

結果，出現了很多尋找方式——

■ **自己找**。

■ **問許多人，包括社群媒體上的人。**

■ **回想過去獲得的好評。**

■ **使用「投影法則」。**

即「你從別人身上看到的，全都是你自己內心所擁有的」。例如，在遇到「請說出你周遭的人所具有的魅力」這個問題時，你所回答出的答案其實就是你本身的魅力所在。

■ **「缺點↓優點」轉換法。**

這是企業研修時經常使用的一種方法。例如：一般認為「任性」是缺點，但換個角度，想成「自由」、「保有自己的意見」、「看重自己」，就會變成優點了。只要用「任性的人有何優點」來思考，便不難找出答案。

像這樣找出更多自己的魅力、優點後，你自然能發現自身的價值，而這個「找出優點」的過程，也就是在療癒無價值感了。

正因此，我在給出這道課題時，都會建議大家多花點時間慢慢回答。

例如，我會特意要求找出一百個，甚至三百個優點，讓大家不得不多花點時間作答。

花多一點時間作答，等於是將思考「我有何魅力？」的時間拉長，久而久之就容易養成這種思考習慣了。

療癒無價值感的方法非常多，我在個人課程中，會針對個人介紹適合的療癒方法——

◆找出你目前擁有之物的價值

拿出衣服、首飾、家電、床、廚房用具等你目前擁有的物品，一個一個找出它們的價值、魅力。只要找出居家物品的價值，你就能實際感受到被許多有價值物品包圍著的幸福。

◆一天做一件令人開心的事

可以直接幫助別人，也可以用祝福的心將錢放入超商的募款箱，或是寫信向人祝賀、道謝等。只要看見或想像別人因為你的行為而開心，你就會感覺到自己的價值了。

◆每天就寢前向人道謝

向今天碰到的某人表達感謝，不僅能心靈舒暢、心情愉快，也能感覺到自己存在的價值。

此外，很多人也表示，在睡前向人道謝的話，睡眠品質會變好，或是會作美夢、早上醒來時倍覺神清氣爽。

◆寫讚美日記

自己讚美自己能夠提升自我肯定感，對療癒無價值感有直接的效果。重點在於讚美今日的言行。

有時，或許也會湧上否定的情緒或想法，但這些就直接跳過吧，只要不斷讚美今日的自己即可。

WORK

請從上面的提案中，選擇一個你認為「有趣，想試試看」的方法，然後持續做下去。只要持之以恆養成習慣，相信數週後你就會感覺有所不同。

你是你，別人是別人

律己甚嚴的人不僅有相當嚴苛的標準，還會刻意拿自己與別人的優點相比較，以證明自己的差勁。換句話說，他們老愛拿別人的優點對比自己的缺點。「那人有這樣的優點，而我一點都沒有。」、「那個人隨便都做得到的事情，我卻完全做不到。」你也會這樣與別人比較嗎？

這就是以別人為優先的「他人本位」狀態。

如果你有這種毛病，就該用心轉換成「自我本位」才對。只有變成「自我本位」，才能停止對任何人都沒好處的自我攻擊。

具體的做法是，首先想像你與別人之間有一條明確的界線，然後複誦以下「咒語」：

「我是我，別人是別人。」
「我是我，他是他。」
「我是我，〇〇是〇〇。」

也就是說，當你注意到自己：「怎麼又跟同事A比較起來了呢！」就要不斷不斷提醒自己：「我是我，A是A。」以劃清界線。

這麼一來，你便能立刻平靜下來，也會隨即湧上輕鬆感。這就是不與A比較的感覺。

劃清界線後，你可以再用「關注自己」的方式來強化「自我本位」。

方法很簡單，就是問自己以下問題。這麼做有助於將心思切離對方，更加確立「自我本位」——

「我現在感覺如何？」

「我現在想怎麼做？我在追求什麼？」「我現在想變成什麼樣子？」

就算不能馬上回答也沒關係，因為光是問這些問題，就已經是在確立「自我本位」了。

而且，這個作法也是一種「心靈對話」，可以傾聽自己的心聲，與自己的真心溝通。

一旦恢復心靈對話，自然就會湧上一股安心感。

當內心做出回答後，請完完全全「接受」這些回覆。不要加以否定，而是用「是喔，我是這麼想的喔」這樣的感覺去接受它。

只要你能調整成「傾聽好友心聲」的心態，應該就能與自己順利地溝通了。

「我現在的感覺是什麼？」

「我似乎感覺到大家對Ａ的評價比較高，所以我的心情有點糟糕，果然我就是沒用。」

「對喔，我的心情很糟糕，我又在否定自己了。」

「我現在想怎麼做？我在追求什麼？」

「我不想要再跟Ａ比來比去了。我希望大家也能夠肯定我，因為我一直很努力啊！」

「是吧，我一直很努力，我好想獲得大家的肯定呢！」

「我現在想變成什麼樣子？」

「我想要輕輕鬆鬆的，不想要再人比人氣死人，我想做自己。」

「是喔，我想做自己，而且想輕鬆地做自己。」

重點是要明確地以「我」為主語。

這點十分重要。**如果不能徹底地跳脫「他人本位」，這裡的主語很快又就會變成「A」了。**

心情不夠正向沒關係，用語不夠積極也無妨。

不要批判你內心的回答，只要單純地傾聽，用「嗯」、「是喔」、「是吧」附和即可。

WORK

「我是我，〇〇是〇〇。」的「〇〇」部分，請代入人名，最好是關係親近的人。熟練之後，把這個「〇〇」換成「錢」、「公司」等，效果也很不錯。

內心罪惡感，用「感謝」來原諒

身為心理諮商師，我每次聽到客戶訴苦而產生「你對自己太嚴格了」的印象時，首先會想到的原因就是「罪惡感」。

各位平常也可能會使用「罪惡感」三字吧？但心理學上的罪惡感則再廣義了一點。

一般而言，罪惡感會在「傷害別人」、「給別人惹麻煩」、「造成別人困擾」時產生，因此可以說，罪惡感中含有「加害者心理」。

不過，罪惡感其實還有其他許多種類，例如——

■ 想幫助卻幫助不了。沒能幫上忙的「無力感」。

■見死不救。眼看對方有難卻沒伸出援手的「無作為的罪惡感」。
■只有我一人獲得好處而感到抱歉的「獨自受惠的罪惡感」。
■我是個骯髒的害人精，最好消失的「自認是害蟲的感覺」。

罪惡感會製造出一種想法：「我是個爛貨，不受懲罰不行！」拚命阻礙自己獲得幸福。

簡直可以說是用盡力氣在讓自己不幸福。

此外，深入潛意識的罪惡感會招來自我懲罰（傷害）現象，或者只要事情順利進行就自動橫加破壞等，很多時候連自己都不知道其起因正是罪惡感。

罪惡感越強的人，越會激烈地懲罰自己。

換句話說，他們會對自己採取嚴厲的規範。

由於認定自己是罪人，於是會規定自己：「不准開心，不准休息，必須像奴隸般做牛做馬，必須失去自由！」如此持續傷害自己的，正是罪惡感。

如果你因讀到關於罪惡感的這段內容而心有戚戚焉，你大可認定自己律己甚嚴的原因之一，就是罪惡感了。

只要能原諒自己，就能療癒罪惡感。

可是，即便跟你說：「你就原諒自己吧！」還是有很多人無法立刻認為自己是可以被原諒的，甚至會反過來認為必須再加重懲罰才行。

接下來，我想介紹幾個甩開罪惡感、原諒自己的方法。

處理罪惡感的方法可分為兩大類——**「知道對象的罪惡感」**以及**「不明原因的罪惡感」**。後者多半屬於潛在性的罪惡感。

首先是「知道對象的罪惡感」，例如：加害者心理、無力感，以及無作為的罪惡感。

◆寫「道歉信」和「感謝信」

我常在與客戶的諮商過程中，以及事後出功課時，建議他們寫「不寄出的信」。透過這種方法，可以與對方、與自己好好對話。

如果對某人懷有罪惡感，則可以寫道歉信。由於這是一封不會寄出去的信，你可以盡情抒發，把心中浮現的言語都寫下來，寫幾次都行。

寫完道歉信後，接下來就寫感謝信。比起道歉信，寫感謝信的心理門檻要高得多，因此得先道歉過、抒發心情後，才能好好道謝。

這個感謝信同樣不拘用語，不拘長短。只要把感謝對方的心情盡量表達出來即可。

「感謝」即「原諒」。因此，道感謝的過程中自然就會療癒罪惡感了。

可以的話，建議一週寫一次「道歉信」和「道謝信」，並且持續一、兩個月（四至八次），你將明顯感受到自己心情的變化。不過做這件事很費時費神，最好假日再做。

曾有位客戶跟我分享，她為了療癒對父母及丈夫的罪惡感，邀他們在大阪市內的飯店住兩天一夜，好好向他們傾吐內心的想法。結果，她發現她當天睡得非常好，退房時內心不可思議地輕飄飄的，感覺眼前的世界煥然一新。

其次，是「不明原因的罪惡感」。例如，獨自受惠的罪惡感、自認是害蟲的感覺等。

◆到神社或寺廟參拜

想擁有洗去罪惡感、淨化身心的感覺，我認為去神社或寺廟參拜是不錯的選擇。不必特地跑遠，住家或公司附近的就行了。

請雙手合十，想像將罪惡感交給神明的畫面。然後將自己莫可奈何的罪惡感交給神明，祈請神明幫忙處理。

◆淋浴時，想像流水淨化身心的畫面

也可在淋浴時，想像內心的罪惡感一併被熱水沖洗掉，並從排水溝排出去。

每天淋浴時，想像罪惡感從體內排出至排水溝中，可將隱藏在潛意識中的罪惡感輕鬆去掉。

久而久之，你會發現：「最近好像心情變輕鬆了。」別人也會說：「你最近的表情好像開心多了。」

◆一天寫一封感謝信

「感謝信」再次登場。不過，這裡的寫信對象是照顧你的人、與你有關係的人、愛你的人等，想到誰就寫給誰，也可連續幾天都寫給同一個人。

再次提醒，「感謝」即「原諒」。

一天寫一封感謝信，心情定能變得輕鬆、陽光起來。我的客戶中就有人因此不再那麼緊張，也有人長年的肩頸痠痛獲得了緩解。

雖然這種感謝信是不必寄出去的，但仍應以會寄給本人的心態來寫，效果才會好。

如果你想寄給對方，那就貼上郵票寄出去吧。在今日這個網路時代，手寫信益發情深意重，應能為你們搭起良好的人際橋梁。

WORK

請想像一個「現在關係是不錯，但想要關係變得更好的人」，然後寫感謝信給他。寫信對象不是罪惡感的對象也無妨。

肯定「當下」自我，更有助解決問題

在前面章節中，我提議用「沒轍了」來接受自己的情緒；在這裡，我想請大家試著將「沒轍了」當成「完全接受當下的自己」。

完全接受當下的自己，不僅能夠提高「自我肯定感」，也能緩和律己甚嚴的態度。

回想一下，你是否曾遇過別人都會，而你不會的事情？

那時候，你對自己是採取怎樣的態度呢？

是不是不自覺地表現出了嚴厲自我批判的態度？

如果你是如此，請你試著改變，對自己說：「沒轍了，因為我就是這個樣子啊！」

下面舉例說明——

某天妳原本想溫柔地對待男友，不料他的態度太差，以致惹毛了妳。事後，妳的心情如何？妳對自己又是怎麼想的呢？

今天，就請妳試著對自己說：**「我就是這樣啊，沒轍了。」**

「我本來就容易發脾氣，今天被他的態度惹毛了也沒辦法，因為我就是這種人啊！」

＊

旁人擔心你：「沒問題嗎？工作量很大，你不會累嗎？」你卻逞強地說：「完全沒問題，這點小事，我綽綽有餘啦！」但其實你事後很後悔，在內心狂喊：「才不是完全沒問題，好希望有人幫我啊！」

這種時候，請對自己說：**「我有時就是會這樣啊，沒轍了。」**

＊

讀到一段內容闡述「不可與人比較」的文章，你覺得很有道理。但過沒多久，自己又因為與朋友比較而心情沮喪。

這種時候，請你原諒自己：**「沒輸了，這就是現在的我啊。」**

＊

明明打算：「今天要好好寫稿！」結果卻一直看YouTube，一個字都沒動。如果是從前的你，會怎麼做呢？

如果是從前的我，肯定心情很差，自責：「啊，又在浪費時間了！」但其實這種時候，只要肯定自己就好：「沒輸了，這就是現在的我啊！」（說的就是此刻正在寫稿的我，笑）

不管面對各種場合，我們都可以單純地告訴自己：「沒輸了，這就是現在的我啊！」然後接受、原諒。

不過，看到這裡律己甚嚴的人或許會這麼想：

「這樣不是太放縱自己了嗎？」

「這是在硬拗，不太好吧……。」

「明明就廢，還找藉口為自己開脫，只會讓自己更廢！」

「說得這麼理直氣壯，只會討人厭吧。」

沒錯，**這些話都是「律己甚嚴的鐵證」**。

一直認為：「寵愛自己不好。」

一直認為：「要對自己嚴格一點才會進步。」

一直認為：「為自己找藉口不對。」

一直認為：「不嚴格一點就會變成廢柴一枚。」

而一句「沒輸了，這就是現在的我啊！」就是要讓你將態度調整到能接受「當下的自己」。

並且這是一種有助於了解「當下處境」的積極行動。

不接受而否定當下的自己，等同於是在否定「當下自己身處的環境」。

舉例來說，我曾有一次明明當天下午在東京有一場座談會，但直到早上九點才在大阪家中睡到自然醒。

眼睛張開的那一瞬間，當然急如熱鍋上的螞蟻：「慘了，睡過頭了，我要遲到了！」

如果，當下我否定現實：「不不不，這裡不是大阪，是東京的飯店。」那會如何？

或者，我指責自己：「幹嘛睡過頭啦！幹嘛不設鬧鐘！」開始舉行一個人的檢討大會，一開就是一小時，那會如何？

即便我不承認現實，我的身體依然在大阪，而如果我不接受自己睡過頭的事實，肯定會給許多座談會的參加者帶來麻煩。

事實上，就算我早上九點在大阪家中醒來，只要速速準備完畢跳上新幹線，也是能及時趕到位於東京新宿神樂坂的座談會場。與其展開一人檢討大會，不如趕快準備出門。

為什麼自我肯定感十分重要呢？因為只有知道「當下自己的處境」後，才會接受自己。

只有清楚知道目前的處境，才能決定好前往目的地的最佳途徑，也才能採取最佳行動。

同樣地，惟有如實地接受「雖然是別人都做得到的事，但現在的我還做不到」這件事，才能夠設定出「那麼，現在的我該怎麼做？」這個新目的地，接著朝目標前進。

當你感覺到「我連大家都會的東西也不會」的時候，可以接著將目標設定為：「我要學會！」或者設定成：「我接受自己不會的這個事實，然後去找到會的人幫忙。」

總之，你要先告訴自己：「沒輸了，這就是現在的我啊！」好好接受當下的自我。

然後，你才能做出抉擇：「那，我該怎麼辦？該朝哪個方向前進？」

WORK

請找出你自認的幾個缺點，告訴自己：「沒輸了，這就是現在的我啊！」然後接受它。

Chapter 4

「放過自己」才是通往幸福的捷徑

改掉缺點這件事，現在就放棄吧！

截至目前，你想改掉的缺點有幾個？真正改掉的又有幾個呢？

如果你最近也有想改掉某個缺點，請問成效如何？

是不是覺得缺點很難改呢？尤其是長大成人以後。

舉例來說——

討厭自己老是東西亂丟亂放，某天受不了而下定決心：「用畢歸位！」並將這句標語貼在廚房的牆壁上，但不出天，看到這張標語就感心煩——你有過這種經驗嗎？

＊

因為覺得「沒時間觀念，要是不改會討人厭」而努力遵守時間，但仍然莫名其妙地遲到了，於是厭惡自己：「我明明想要好好準時的……。」——你有過這種經驗嗎？

*

工作上常犯些小失誤，於是提醒自己每次都要確實檢查文件，可是結果還是不小心疏漏了。被老闆臭罵了一頓，超級痛恨不長進的自己——你有過這種經驗嗎？

*

想改掉情緒化的毛病，希望自己在待人接物上更加穩重，但努力了半天，依然動不動就被芝麻小事惹毛，懊悔的你不斷自責：「我真是沒有用！」——你有過這種經驗嗎？

律己甚嚴的人，會用魔鬼教官般的嚴厲標準指責自己的缺點，並要求改掉不再犯。

但我並不建議將焦點像這樣放在自己的缺點上，因為只關注缺點，會讓人完全看不到自己的優點。

當你眼中盡是缺點，自然便認為：「果然我是個一無是處的人。」

更何況，那些缺點並不是你故意製造出來的。

人往往是一回神才發現房間亂七八糟、不明所以就遲到、以為已經做得很好但偏偏還有錯、想要心平氣和卻一時理智線斷裂而發火……。

沒輒了。

江山易改，本性難移。

因此，我常建議大家：「放棄『改掉缺點』這件事吧。」

這是一種提高自我肯定感的方法，也是一種「具積極意義的放棄提案」。

律己甚嚴的人多半有強烈的「應該如何」的信念，常高揭「就要這樣才對」

的理想，好與他人比較並因而覺得「大家都會我卻不會」，一心想成為無可挑剔的完人。

正是為了讓這些人更輕鬆自在，讓他們「接受真實的自己」，我才會提出這項建議。

不只是缺點。

其他諸如逞強、與人較勁、硬逼自己等狀況，都可以用這個「具積極意義的放棄提案」來對治。

把它當成「不再逼自己做『做不到的事』」是不是比較容易理解呢？這個方法和下一單元的「偷懶提案」相似，都可大幅減輕身上的壓力。

重點是聽從內心「我好累、我不想做、我不喜歡、我做不到」等心聲，然後放棄。

不過，對於你想做的事、喜歡的事、想更積極上進的事、想更加努力的事，則沒必要放棄。

換句話說，應誠於己心。這是一個善待自己、放縱自己的極有效方法。

「有必要那麼拚嗎？放棄不就好了？反正又不是真正想做的事。」如果你能自然地對自己這樣說，那就是處在最佳狀態了。

WORK

請從你的日常生活中找出一件事，試著放棄看看。

偷懶一下，別讓大腦整天瞎忙

我曾經跟一位客戶說：「妳真的好忙喔。」結果她竟以困惑的表情回答：「不會，我一點都不忙。我幾乎沒加班，假日也不必上班，在家工作很自由啊！」

「不是不是，我是指妳的大腦。」我趕緊解釋：「妳的實際工作時間的確不算長，但妳的大腦一直忙個不停吧？下班回家後還開一人檢討大會，家事也絲毫不馬虎，妳的心根本沒時間休息吧？」

於是她說：「聽你這麼說，我的大腦的確一直在想事情。『這個要做，那個還沒做』……一直被要做的事情追著跑。」

律己甚嚴的人，實際作為是另一回事，他們的大腦總在不斷忙著思考。

例如：「得先做這個才行，然後做那個，做完後再做這個……。」、「我這樣不行啊，要更努力才對！」、「那也做不好，這也做不好！」老是這樣在腦中開檢討大會，忙個不停。

除了從早到晚馬不停蹄工作的人，像這位小姐這樣無時無刻不在腦中思考事情的人，也都算是重度工作者。

「忙」字是由「心」＋「亡」組合而成的，所謂「心亡」（心死）的狀態，就是指無法面對自己的情緒、無法與自己對話、無法關心自己、無法慰勞自己、無法讓自己休息的狀態。

律己甚嚴的人會隨時嚴格地監視自己、控制自己，因此多半都是忙碌（心亡、心死）的人。

而且，這是長年養成的老毛病，本人多半沒注意到。

不過，實際上從早忙到晚的人，只要能樂在其中、鬆弛有度地適當休息，依然能獲得充實感與成就感（只不過，工作占據太多時間的話，與家人的關係容易生變）。

也就是說，「忙碌」狀態不是以物理性的工作量和時間來決定的，而是取決於大腦的運轉情況。

對於大腦忙得團團轉的人，我推薦「偷懶提案」——偷懶、打馬虎眼、有時不必太認真。亦即，豁出去吧，允許自己「狡滑一點」。

因為律己甚嚴而大腦轉個不停的人，肯定不懂得如何偷懶、馬虎。儘管有「想過得輕鬆點」、「想好好休息」、「想寵愛自己一點」等「想法」，但總是無法落實。

例如：「明明想好好休息，也坐在沙發上開始喝茶了，但腦中還是想著工作的事。」

律己甚嚴的人總會要求自己「該做就做」、「不給人添麻煩」、「做就做到好」，因此隨時都處於緊張狀態，不懂得卸下壓力。

以下介紹幾種有效的對治方式。你可以這樣對自己說：

「明天的事，明天再做。」

「能給別人做的，就給別人做。」

「一天中，給自己三十分鐘的偷懶時間。」

「找一天定為『奢侈日』，好好享用甜點、美酒。」

「今天就大膽偷懶吧，乾脆從早上就開始吃蛋糕、喝酒。」

「一個禮拜自主找一天早點下班。」

「居家上班時，如果沒緊急的事就放心睡午覺，或者出門散散步、逛大街。」

「一週找一天放爸爸假或媽媽假，不帶小孩。」

勸人偷懶（不要太認真）或許很奇怪。

可是，如果沒有「偷懶」意識，恐怕很難放過自己。

律己甚嚴的人，在偷懶過後都會開始自責吧！

因此，**「自己下決定」這點很重要**。例如，「我決定今天是偷懶日」、「我決定這週四是媽媽放假日」。

由於是自己下的決定，自責感便不至於太強烈。若能因決定偷懶而獲得解放感，那就太讚了。

如果你常常因為疲勞、壓力而不由得「無所事事混一天」，那麼，建議你可以主動自己下決定：「我今天要無所事事混一天。」

定期設定這種放假日，自然會有「週四就要放假了，那麼在這之前就好好加油吧」的念頭，也就能從容應付生活。

而且，當你週四好好偷懶，享受到偷懶的好處後，其他日子自然就不會再那麼過度勉強自己了。

一個人住還好，但如果與家人同住，恐怕很難設定偷懶日。

為了自己，也為了家人，你必須鼓起勇氣突破這道難關。但如果你下定決心了卻覺得窒礙難行，那麼**先別設定一整天，就從設定幾小時的偷懶時光開始，這樣便不會那麼容易自責了。**

像這樣，只要不斷設定時間偷懶，你的大腦自然能慢慢感覺到鬆綁的自在。

WORK

設定「偷懶日」並徹底實踐。至於要設在哪一天、要怎麼過，由你自己決定。

「不得不做的事」就是「可以不做的事」

請回想一下今天發生的事。昨天的也無妨。

請回想一天的生活，找出「開心的事」。你想到幾件開心的事呢？

如果你「想不出來」，那麼有可能是你無視內心的聲音，過度操勞自己了。

律己甚嚴而被義務感綁住的人，或是以「他人本位」生活的人，往往無暇關注自己，心思都飛向別人的目光去了。

即便內心吶喊：「不要，我不要做啦！」他們也依然無視，甚至嚴厲地喝斥自己：「不能說那種任性的話！」

如果你有這種情況，建議你養成一個習慣——做事情前，先問問自己「開心嗎？」

「做那件事，你開心嗎？」

「做那件事，你樂意嗎？」

「做那件事，你想嗎？」

當然，律己甚嚴的人平常並不會有那麼多的「開心的事、樂意的事、想做的事」。

越是律己甚嚴，應該就有越多「不得不做的事」才對。

然而我不是要各位「只做喜歡做的事」、「只做開心的事」。

而是希望你能在做事之前，先確認自己的心情——

「做那件事，你開心嗎？」

「不，完全不開心，我根本不想做。」

希望你能養成如此確認自己心情的好習慣。這也是一種「心靈對話」。

律己甚嚴的人問過自己這類問題後，就會知道「原來我都在做一堆讓自己痛苦的事！」接著覺察到內心有多麼不快樂。

這種覺察相當重要。

這種覺察能產生「問題意識」，讓人想到：「不設法做點改變不行。」

於是，之前未經思考就去做的「不開心的事」，逐漸變成一種痛苦。

人都會回避痛苦。

越是覺得「我不要像這樣都在做不開心的事」，就越會變成「我要做喜歡的事、開心的事」、「我不要做痛苦的事」。

因此，光是自問：「做那件事，你開心嗎？」就足以改變自己了。

只不過，讀到這裡的你，請別只是發現「我也是這樣，都在做一堆不開心的事」就沒下文了。

請徹底實踐你「知道」的事。

光是理智上知道，並不會有所改變，往往一句「知是知道啦」便不了了之。

要在現實生活中及時質問自己：「做那件事，你開心嗎？」確實不容易，因為我們都習慣不假思索地去做「不開心的事」。

因此，請從開頭提到的「回想一天的生活」開始著手吧！

當然，你也可以在想到時再問自己：「做那件事，你開心嗎？」容我再強調一次，從有感覺的事情開始，自然會慢慢看到變化。

WORK

回顧一天生活，將開心做的事和不開心做的事，一一列舉出來。

利用「不做不行的事」提升自我肯定感

如果你已經能自問：「做那件事，你開心嗎？」接下來就請再問一個會具體改變行動的問題：

「那件事，真的不得不做嗎？」

搞不好：「那只不過是大腦認定不得不做罷了，其實不得不做的事情沒有那麼多。」

請將一天的行程寫下來，讓它「可視化」，如此應該就能看出端倪了。

即便是不得不做的事，大部分都可以找人幫忙，或者改天再做。

將一天的行程精簡後，你會發現多出很多時間，心情也能輕鬆不少。

請動手將每天的行程詳細寫下來，這樣會讓你很有感覺，請務必試試看。

我有個客戶，她在政府因疫情嚴峻而發布緊急事態宣言時，改成居家辦公，從此一天的行程變得亂七八糟，完全沒辦法投入工作。

她本來是一個工作能力很強的人，但當一堆瑣事纏身之後，工作變得完全推不動。

於是，她決定一早就把當天的行程詳細列表出來，可不只列出具體的工作內容而已（寫企畫案、開會、處理事務等），連「午餐」、「休息」、「到超市購物」、「摺衣服」等日常家務都寫了進去。

仔細思考一天的行程後，她注意到了一件事，那就是——她把那些不必自己做也可以的事、不必今天做也沒關係的事、其實也沒有那麼急的事，全部都列進去了。

於是她理解到：**「原來我一直拚命做著可以不做的事。」**

接著，當她只把「真的不得不做的事」列進日程表後，不禁發現內容變得好空洞而悵然若失。此外她也發現，就算照著這個空洞的日程表過一天，也根本不會有問題。

我還有個客戶是家庭主婦，每天為家事、育兒、兼差等忙得不可開交，往往從早忙到晚，等回過神來，一天都要過完了。她說：「我整天都在這個不做不行……那個不做也不行……啊，那個還沒做！每天忙得團團轉。」

新冠疫情以來，她簡直忙上加忙，也更常對丈夫和孩子發脾氣。

我請她把一天的行程詳細寫出來，然後問她：「這些真的都是不得不做的事情嗎？」

身為照顧全家人的家庭主婦，很容易認為所有事「都是不得不做的事」。然而，我以諮商師的客觀立場陪她重新檢視之後，挑出了好幾個她認為「好難喔，但這個與其說是不得不做，應該說是我自己認定非做不可」的項目。

例如「帶小孩上補習班」，她如今的想法已有改變：「補習班就在家附近，從前，孩子都是和鄰居小朋友一起去的。孩子現在已經小學四年級了，其實不必爸媽帶也可以吧。」

「感覺都是我自己硬要做、硬要搞得這麼忙。」看著那張日程表，她最後有感而發地說。

話雖如此，日常生活中總會有一些「不得不做的事」。

例如，即便內心發懶，但倒垃圾那天無論如何都必須在早上八點前將垃圾給拿出去，否則家裡就會變成垃圾堆；即便不想煮飯，但要是不開火，孩子們就會抱怨。

套用前面提過的話，**工作上、家事上，都有許多「明明不開心，卻不得不做的事」**。當中自然也包括「平常做得很開心，但今天就是提不起勁的事」。

這種時候該怎麼辦呢？你可以有以下三種思考方式——

❶ 宣告：「今天不想做，所以不做了！」然後偷懶。

❷用玩遊戲的心情，輕鬆地享受不想做的事。
❸即便不想做仍照做，藉此提升自我肯定感。

上述的❶，在先前已用「偷懶提案」介紹過了，因此這裡將針對❷和❸做進一步說明。

❷「用玩遊戲的心情，輕鬆地享受不想做的事」。此構想是建議你將不得不做的事情當成一種遊戲，邊做邊玩。

最簡單的方法就是把那件事變成一種時間競賽遊戲。

例如，「在幾分鐘內把碗盤洗好的話，可以得兩分。」、「在中午前完成文件的話，午餐可以叫外送，想吃啥就吃啥！」

尤其是日常性的事務，如果把結果都記錄下來，說不定會有「達成新紀錄！」的成就感。

可以應用先前提過的「可視化」，將「應該做的事情」列成表單，如此就能提起精神去做不想做的事情了。

我曾建議一位客戶：「請你一早就把今天應該做的事情寫在白板上，每做一件就刪掉一件，這麼一來不但進度一目瞭然，而且做起來會更加帶勁喔！」他也確實照做了。

表單列得越詳細，刪掉時的快感就越大。

接下來說明❸「即便不想做仍照做，藉此提升自我肯定感」。

基本上，我的想法是：**「不得不做的事」就是「可以不做的事」**。

那些你認為「不得不做的事」，原本就是你「不想做的事」，於是光是「不得不做」這個想法就已伴隨著壓力，實際去做的話，壓力只會增加不會減少。

換句話說，光想到「不得不做」，你的心理負擔就會瞬間爆表。因此，基本上你可以不要去做。

如果情況是：「又找不到任何人幫忙，今天不做完就慘了，這是我份內的工作……。」那就改變想法吧。

你可以稱讚自己：「我做了原本不做也行的事，真了不起啊！」

當你轉變心態：「我完成不得不做的事情後，就要大力稱讚我自己！」你就能獲得「提升自我肯定感」這項「贈品」。

因此，請建立一個觀念：「做不得不做的事情時，要好好『稱讚自己』。」

WORK

將今天一整天的行程、待辦事項列出來，刪除「可以不做的事情」，然後藉「做不得不做的事情」來提升自我肯定感，好好稱讚自己吧！

「我行我素」創造個人特色與快樂

我問過許多在大企業和廣告代理商擔任業務、企畫的客戶：「你們不覺得先讓自己開心，才更可能拿到大契約，想出好的企畫案嗎？從早到晚被工作追著跑也是可以啦，但你不覺得有時偷懶一下，等到來勁時再好好工作，比較能做出成績嗎？」

事實上，他們對此的回答是：「堅持努力不懈的人的確能夠拚出好成績，但那些真正頂尖的人，感覺上都是隨心所欲、我行我素的人。他們看起來比較幸福快樂。」

律己甚嚴的人，尤其是家庭主婦，如果來找我諮商，我通常都會對她們說：

「比起把家裡整理得有條不紊、一塵不染，或三餐都做出健康美味的料理；媽媽能夠一整天開開心心、笑容可掬，孩子才更能健康地成長，老公也會更喜歡待在家裡。」

如果你也認同我的這番說法，那麼何不立即用「先讓自己開心」的態度來工作呢？

要如何開開心心地工作、做家事呢？

當然是先學會「讓自己開心的方法」。

如果現在要你「列出幾個讓自己開心的方法」，你能想出幾個呢？

「吃冰」、「總之先睡一覺再說」、「和朋友去喝咖啡聊是非」、「去常去的居酒屋喝酒」、「在社交平台上表達自己的想法」、「在大自然中深呼吸」……什麼都行。

由於不會每次都適用同一種方法，因此能列出越多越好。

例如，若在寫稿時無法專心，我不會硬逼自己絞盡腦汁，而是會先離開座位，做些別的事轉換心情。

有時我會喝喝喜歡的咖啡，或是沖泡當時愛上的茶葉，有時乾脆躺在沙發或抱枕上，有時則走到陽台吹吹風，時間對的話，有時候我還會下廚做飯，或到住家附近散步。

寫稿時，我通常會放些喜歡的輕音樂，總覺得喜歡的音樂能夠幫忙維持好心情。相信很多人都會這樣做吧？

律己甚嚴的人會有很多「不這樣不行」、「要是這樣就不行」的規矩。

一旦被自己訂下的規矩綑綁而失去動力，就會導致更加鞭策自己，要自己更拚命。

但是，這樣下去，只會降低工作品質。

因此，建議你最好多知道一些讓自己開心的方法，並且在日常生活中輕鬆地去實踐它。

請好好想一想：「現在給我什麼，我就會心情大好呢？」然後加以實踐，你就能自己開開心心，享受每個當下了。

QUESTION

你現在的心情如何？如果要讓自己開心，你會怎麼做呢？

放鬆不了？那就試試「刻意施壓」

律己甚嚴的人經常處於緊張狀態，並且習以為常，因此即便想放縱自己，也不容易做到。

這時候可以反向操作，提升緊張感，藉此得到心靈的放鬆。道理和我們的身體一樣。將身體用力後再放鬆，就能獲得舒暢的解放感。

那麼，以下就介紹幾個放鬆心靈的方法吧！

◆進行計時賽

你可以用「五分鐘內算完這本帳」、「三分鐘洗完碗」、「十分鐘內回五個人的信」等，如此的方式對眼前的工作進行時間限制。

與工作完全無關的事情也可以，例如用「一分鐘可以做幾下伏地挺身呢？」的方式來活動筋骨。

◆刻意給自己壓力

這個方法對律己甚嚴的人來說，應該很簡單吧！

例如，說一些有壓力的話讓自己焦慮。而且，不是只做一、兩次，要做十次、二十次，不斷地恐嚇自己。

你可以對自己說：「今天不把這份工作做完，你就死定了！」、「大家都在等著看我出包呢！」

也許有些情況下這樣做會有反效果，但「刻意對自己說」這樣的意識很重要，有時反而能紓解緊張感。

律己甚嚴的人，原本就會「無意識地」對自己說些增加壓力的話，因此這個方法相當有效。

這麼做以後，你還可能聽見內心發出吶喊：「何必這樣逼死自己呢！」你給自己的壓力越大，心靈放鬆後的解脫感就會越強。

◆「就是現在！」作戰行動

「就是現在！」是在日本曾經風行一時的廣告流行語，我在心理諮商時也會借用這句話，它非常有效。

例如，當客戶表示他的狀況已瀕臨極限，快要崩潰時，我會告訴他「現在就能立刻做的事」，要他趕快採取行動。

「就是現在！諮商結束後不要回公司，請你直接去海邊看海。」

「就是現在！今天不要回家了，回你爸媽家吧，直接從新大阪搭新幹線去。」

「就是現在！請跟你的父親表達感恩，快拿出手機吧！」

「就是現在！回家時繞到百貨公司去，請店員幫你挑幾件衣服。」

當然，我不會對每位客戶都用這招，但我知道客戶來做心理諮商時，那個**動機最為強烈的「現在」，正是改變自己的最佳時機。**

或許這麼要求有點過分，但不能否認，人們很多時候都是「腦中模模糊糊知道應該做什麼才對，卻沒能抓住機會去做」。

你是不是也有一些「覺得做比較好，但還是沒做」的事情呢？

不是上面列舉的那種大挑戰也沒關係。

「我早就想整理衣櫃了……什麼時候來整理呢？就是現在！」像這樣給自己施壓，催促立刻行動，不僅能把衣櫃整理好，還能藉此獲得成就感、充實感，接著你會意外發現自己不再那麼緊張了，停滯的人生終於動起來了。

WORK

你現在要做什麼呢？請把書本闔起來，趕快去做那件事，實際感受一下實踐的效果吧。

如何將悲劇變喜劇？

你最近一次展露笑容，是什麼時候呢？

據說，小朋友一天會笑好幾百次，但長大成人後，次數已銳減到只剩十分之一。很多人都表示，他們不記得最近什麼時候開懷大笑過。

律己甚嚴的人要是犯錯、失敗，鐵定會逮到機會對自己狂轟爛炸。

而且，他們還會不斷把這些錯誤拖出來，狠狠鞭笞不罷休。

尤其在這段疫情期間，日常生活的緊張度升高，相信不少人早已備覺倦怠、身心俱疲。

我常常對前來諮商的客戶出這類功課：「看十部以上的吉本新喜劇[1]」、「每天看搞笑藝人的YouTube」。

當然，不限搞笑藝人，喜劇電影、漫畫等都行。

在日常生活中笑一笑，是解脫壓力、放縱自己的好方法，簡單又有效。

你可以和朋友聊天瞎扯，也可以開在場某人的玩笑。

我的老師是有「心理漫談家」之稱、很懂得搞笑的關西人。拜他之賜，我自己在講座上或諮商時，也都認為搞笑是必要的（來參加講座的關西人，理所當然希望講座要有笑點吧）。

因此，我在自己主辦的講座上，除了準備心理學內容外，我會更認真思考：「如何讓來參加的人笑出來？」與其被說「學到很多」，我更希望聽到的是「好有趣喔」，這會讓我更有成就感。

1 譯註：日本吉本興業旗下所屬搞笑藝人在舞台上演出的喜劇。

關於搞笑這件事，我來介紹一個升級版的方法。

那就是把自己的失敗故事變成搞笑版本。

說到這裡，或許有人會覺得：「我沒有搞笑的天分。」、「我太認真了，很不會逗人笑。」、「我是個很無趣的人，我對搞笑有點自卑。」

我的客戶也會跟我說：「搞笑是你們關西人的特產，我做不來啦。」

當然，我不會做那種專業要求，不會要你「當個搞笑藝人」、「一定要逗朋友哈哈大笑。」

但若你能夠笑看自己的錯誤，就表示你心胸寬大，而且沒在責怪那個錯誤（＝原諒自己）。

不論在網路或電視上，都可看到許多搞笑藝人拿自己的糗事出來開玩笑。冷靜地仔細想想，你會發現他們都是把極悲慘的體驗和場景，改編成了令人捧腹大笑的哏。

「人生最大的悲劇，變成人生最大的喜劇。」

換句話說，一般認為是悲劇的故事，都可以改編成喜劇。

當然，突然要你將人生中最大的悲劇變成喜劇，難度肯定很高，因此建議你先從日常生活中的小失誤著手，想辦法讓自己一笑置之。

要笑看自己的失敗，必須先能客觀地看待整個狀況。

律己甚嚴的人要是客觀地看自己，通常會立刻批判起來，但請你務必阻止自己，試著將那個失敗當成「搞笑藝人闖的禍」。

一旦能想像犯錯的人不是自己，而是搞笑藝人，就能用看喜劇的心情看待那個錯誤了。

不過，由於想要自責的念頭仍在，也許你過不了多久便笑不出來，心情變得慘兮兮。

接下來的做法是，想像：「搞笑藝人是怎麼將失敗變成好笑的哏的呢？」或許你覺得有點難，但其實當你開始想像，目標就幾乎達成了。

也就是說，**即便不能實際將自己的失敗變成好笑的哏，但企圖將之改變為哏的這個行為，本身就能讓你產生從容感，也就鬆綁了自己。**

只要你開始以如此視角注意日常生活，應該就能發現生活中處處都是可以搞笑的元素。

例如，你會發現「啊，這個好有意思喔！」的事情，找到有點怪怪的人，或因看到貓咪的詭異動作而噗哧笑出來等。

如果處在這種生活狀態，你的笑容肯定會增加，可以開懷大笑的事情也會越來越多。

這就表示，過度嚴厲的那個你已經慢慢不見了，輕鬆、自在的這個你也逐漸誕生了。

只要打算笑看自己的失敗，攻擊自己的次數自然會大幅減少。

就這層意義來說，你實在應該提醒自己，試著將日常生活上的小錯誤當成一種玩笑看待。

WORK

請想一想，如何將最近的一次失敗，轉化成一則「笑話」呢？

心情感覺不順時，玩起來吧！

「玩心」是輕鬆的、幽默的，也是滋潤日常生活的祕訣。工作忙得焦頭爛額時，帶孩子帶得身心俱疲時，肯定無法生起玩心。

如果你正處於這種緊繃狀態，那麼這篇內容可能幫不了你，請你過陣子心情較放鬆時，務必再回來看完這篇。

喜歡時尚的人，挑選衣服飾品時應會帶著玩心吧。很會做菜的人在擺盤或挑選碗盤時、喜歡裝潢的人在布置房間時，都會帶著玩心吧（我幾乎每天寫部落格，為了讓讀者能不厭煩地讀到最後，我都會盡量用玩心寫得輕鬆有趣）。

於是我想到，**如果在辦公桌或住家的工作處，稍微用玩心布置一下，你會怎麼做呢？**可以選用可愛的文具、擺上喜歡的裝飾品，也可以偷偷在抽屜裡放喜歡的東西。

我有一位客戶是汽車迷，他說他在辦公桌上放了好些汽車精品，例如外形像儀表板的時鐘、車用置杯架、古典車造型的筆筒等。

也有喜歡大自然的客戶告訴我，他在辦公桌上放一個小盆栽，種稻子。

還有一位喜歡到國外旅行的太太，將調味料統一裝進用跳蚤市場APP入手的外國調味瓶裡，並將外國紙幣、地下鐵地圖等貼在廚房的牆上。

所謂玩心，就是在日常生活中下一點工夫，讓心情可以輕鬆、安心、緩和、愉快一點。

先前提到，生活從容有餘裕時比較容易升起玩心；不過相反地，**刻意發揮玩心也能創造心有餘裕的效果。**

小朋友即便兩手空空，也能當場玩嗨起來。在沙池堆小山、用樹枝在地上塗鴉、繞著柱子轉圈圈等，都是「想玩！」這個念頭激發出來的。

只是隨著年紀越來越大，很多人慢慢失去玩心。特別是律已甚嚴的人多半要求自己努力為先，遊玩擺一邊，恐怕早不知玩心為何物了。

換句話說，**不必花錢買東西也能發揮玩心。**

回家時走一條平常不走的路、順便到從沒進去過的商店、走進一直很好奇的復古咖啡廳……也可以將手機和電腦的桌布換成奇怪的圖片，總之，生活上處處皆可發揮玩心。

只要提起「今天要好玩一點」、「好好享受當下」的念頭，自然能生起幾分玩心。

當生活中出現空檔時，請務必發揮你的玩心。也許你一時想不到發揮玩心的點子，但別著急，就邊發呆發想吧。想點子這件事本身，就是在發揮玩心了。

若有需要，你也可以試試以下的練習——

❶ 將喜歡的事情具體寫在卡片上，一張寫一個。
❷ 寫好一百張卡片（可以利用單字本）。
❸ 沒有安排行程的那天早上，抽出一張卡片，照上面寫的去做。

若能夠用這種遊玩的感覺來享受日常，自然能慢慢戒掉律己甚嚴的習慣。

無論如何，請先踏出第一步吧！

WORK

請闔上書本，想像一下：「若是我，會在什麼地方發揮玩心呢？」然後將想法寫在手機裡，並於「二十四小時內」實踐出來。

有度任性，不犧牲也能贏得尊重

「如果今天你變成了一個自我中心的人，那麼你會對你的另一半說些什麼？做些什麼呢？」

「如果你的公司下一道命令：『任性而為！』那麼你都會怎麼做呢？」

「如果要你對身邊的人採取自我中心的態度，你會做些什麼事情呢？」

我在心理諮商的過程中，有時會問律己甚嚴的客戶這類問題。

當然，有人能馬上回答出來，有人則不知道該怎麼做。

律己甚嚴的人往往對自己如魔鬼教官般嚴苛，但對別人則寬大為懷。

這不僅是一種「只要忍耐一下就好」的自我犧牲意識，也是害怕被討厭而不

得不寬以待人的心理表徵。

即便表面上完全接受，但其實內心很容易累積不滿和怨恨。

因此我才會在諮商時問客戶這類問題。

有位客戶永遠埋在做不完的工作堆之中。我問他：「如果要你在上班時耍任性，你會怎麼做？」

他的回答是：「那我就立刻大叫：『別再把工作都丟給我了！』然後強力抵制工作！」

還有一位客戶是有小孩的家庭主婦，平常不僅要帶小孩，先生也會要她幫忙很多事，搞得她分身乏術。

我問她同樣的問題，她的回答是：「別再『媽媽！媽媽！』叫個不停，吵死了，自己去想辦法解決，別什麼事都要找媽媽！」

他們都是律己甚嚴的人，因此都有「就是因為我的能力不足才做不了這些事」、「既然身為家庭主婦，照顧家人是應該的」這類想法。

但我聽過他們的描述後，發現其實不然。事實上是因為他太能幹，大家才會把工作交給他；以及，因為她是可靠的媽媽，家人才會那麼依賴她。

他們完全不知道事實狀況，以至於老是責怪自己。

如果你身邊有人老愛把工作都推給你，或者老愛對你耍任性，請你告訴自己：「現在，我最好更自我中心一點，更任性一點，更要賴一點，這可是他們教我的啊！」

這樣你就能原諒自己了。

話雖如此，要律己甚嚴的人突然變成自我中心，談何容易？

因此，請先在你一人獨處的時候，做一下自我中心的練習。

如果你被迫在放假時出勤，拜託你：「想想回家路上要變成一個自我中心的人，你該怎麼做？並且實踐它。」

如果你是一名家庭主婦或居家辦公的人，拜託你：「請安排一段休息時間，好好做一個自我中心的人。」

律己甚嚴的人通常「不願給人添麻煩」，不太容易在當下的人際關係中實踐這項練習，即便是休息時間，恐怕也會盡量避免造成別人的困擾。

因此，請想想一人獨處時可以採取的自我中心行為。

怎麼樣？有想法了嗎？

「無所事事地晃來晃去」、「晚餐叫外送解決」、「完全不碰家事」、「到有點貴的店裡外帶餐點」、「買一瓶平常不會買的高價葡萄酒」、「大逛服飾店，瘋狂試穿一輪」、「到百貨公司地下街邊逛邊試吃」、「從車站搭計程車回家」、「來個全身舒壓按摩」……。

其實，**這些並非自我中心或任性，不過是對自己奢侈一點、給自己的獎勵、允許自己不做事罷了。**但對律己甚嚴的人來說，這些卻是好不容易有了「自我中心」、「任性」的意識後，才終於容許自己去做的事。

有了這種意識後，慢慢地，你就能對別人採取（自認的）自我中心態度，或是做出任性的發言了。

之前提過的那位上班族客戶，他現在很不一樣了，要是別人推給他超量的工作，他會以「我做不來」而拒絕。即便如此，別人也並沒有對他失望，或是否定他的能力，反而表示能夠理解他的心情。

而之前提過的那位媽媽也表示，她收到了孩子寫的信，非常可愛：「我每次都跟媽媽耍賴，對不起！我最愛媽媽！」先生也有進步，開始會主動幫忙家事，而她也終於爭取到「媽媽放假日」了。

大膽告訴自己：「做一個自我中心的人吧！」並在可能的範圍內實踐。如此不但在心靈能得到鬆綁，也會對周遭人際關係帶來正面的影響。

WORK

讀到這裡，請立即按下切換鍵，「變成一個以自我為中心的人」。來吧，你會怎麼做呢？

給人添了麻煩，記得道謝即可

如果你怕給人添麻煩而老是獨自扛下工作，那麼有一句座右銘很適合你。

如果你律己甚嚴，卻對旁人十分溫柔，不給人添麻煩、不給人造成困擾，那麼我希望你能立刻說出這句話：

「不必顧慮別人麻不麻煩。」

即使把這句話當座右銘，你也只會感到心情輕鬆，不會因此就老給別人添麻煩的，請勿擔心。

這句話具有將做得太過度的部分，恢復至「通常狀態」的效果。

「不能給人添麻煩」這個價值觀，其實會限制我們的行為。

況且，什麼事情算麻煩，恐怕因人而異吧！

同樣的事，有人覺得麻煩，有人不覺得。

會不會麻煩，是由對方決定的。

因此，自己決定是不是會給他人添麻煩，只是在限縮自己罷了。

「不能給人添麻煩」這種想法，會在你心中建立起「他人本位」。

我承認這種價值觀無可厚非，但我想說的是：「人生在世，不可能完全不給別人添麻煩，尤其想要實現自己想做的事更是……。既然免不了給人添麻煩，那麼事情發生時，就好好道謝，或者好好拜託對方、好好道歉，這樣才能建立良好的人際關係。」

有一位客戶在大企業上班，事業十分穩定，但他一直想去從事自己喜歡的工作，為此，他告訴妻子，他決定離職。

「請原諒我的任性。我找到我真正想做的事，我想全力以赴。這麼做也許會給家人造成困擾，但我會盡心盡力，請妳支持我。」

他向妻子低頭表示歉意。

據說他太太起初嚇了一大跳，但馬上展露笑容對他說：「如果你找到喜歡做的事，而且無論如何都要做的話，那就好好加油吧。家裡的事我會想辦法。」

如果他當時被「不能給人添麻煩」的想法綁住，搞不好就會為了家人而放棄夢想。這樣的話，對他、對他的家人，應該都不是幸福的事。

WORK

請開口說十遍：「不必顧慮別人麻不麻煩。」

如果你心裡產生抵抗、湧上罪惡感，表示你更需要這句話。

怒氣懂發洩，不會傷人與自傷

律己甚嚴的人有許多共通的情緒，其中之一就是「憤怒」。

如果有人說你心中累積了很多憤怒，你會做何感想呢？

律己甚嚴需要憤怒，因為這種人往往都是透過憤怒來加以懲罰、折磨、限制自己的。

你有沒有這種情形？對別人總是笑容可掬、溫和有禮，但對自己老是動不動就怒不可遏？當然，這表示你對自己的憤怒很強烈，但其實你對別人的憤怒也同樣強烈——不，往往有過之而無不及。

或許你不太能接受這個事實。

然而，我和很多律己甚嚴的人談過之後，發現他們除了會自責：「我很差勁，都是我不好，我太幼稚了，我是個廢物。」其實心中也累積了不少對別人的憤怒與不滿。

很多律己甚嚴的人，無法容許自己對別人懷有憤怒情緒。

「氣什麼氣啊，你以為你哪位！」

「我居然有這種想傷害別人的念頭，實在太幼稚了！」

他們會如此自責。

但憤怒也是一種情緒，感覺到就是感覺到了。如果加以否定、隱藏，不願承認，這股憤怒就會累積在心中。

而且，憤怒與幹勁是同一種能量。禁止憤怒就會逐漸喪失幹勁，所以說，憤怒是一種相當重要的能量。

你不覺得生龍活虎的人，經常動不動就發脾氣嗎？

正因此，有時我會出功課給客戶，讓他們把「憤怒」發洩出來。

我會請客戶準備一本「洩憤筆記」。這種筆記我在其他著作中也介紹過，應該有人已經知道了。

首先，請準備一本筆記本，一般的就可以了，當然，用你自己習慣的更好，素描簿、影印紙也沒關係。

然後，將憤怒全部寫在筆記本上。**想到什麼就寫什麼，如實地將憤怒情緒寫出來。**

不過，不能馬上寫出來的人應該不少，如果向來習慣隱藏憤怒，那就更寫不出來了。

因此，請先找一個身邊的人，例如：另一半、父母、小孩、同事，或是上司……然後把對他的憤怒和不滿，全部寫在洩憤筆記本上。

可以的話，用詞盡量犀利一點。

反正筆記本並不會給任何人看，出現不可公開的禁忌用語也無妨，就盡情地發洩憤怒吧。

越是不容許自己有憤怒情緒的人，越會心生抗拒而無法動筆，或者一動筆便產生罪惡感、因自我厭惡感而寫不下去。

可是，這種人不是沒有怒氣，只是禁止自己感到憤怒罷了。

請再耐心地堅持下去。

相信你就能慢慢將怒氣發洩出來了。

我的客戶中，有很多人在寫這種洩憤筆記。

寫完後，他們不但心情舒暢，內心的糾葛一掃而空，有些人還能對對方升起感恩之情，進而改善了人際關係。

藉由洩憤筆記，你能更清楚自己對對方的感覺而保持距離，也不再有忍讓、犧牲的委曲感，效果又多又顯著。

如果你對怎麼寫洩憤筆記還有疑問，可以參考我的部落格（繁體中文版請參見第二二〇的延伸閱讀）。也可以用關鍵字「根本裕幸 お恨み帳」進行檢索。

WORK

不要累積憤怒，將它寫進不會被任何人看見的「洩憤筆記」裡吧！

【保存版】洩憤筆記的寫法～維持心理健康的妙用筆記

二〇一六年十月三十日

您好！

我來許願了。

能不能請您寫一篇文，教教我「如何寫洩憤筆記」？

我想自己寫寫看，但實在不知怎麼寫才好……

能不能請您告訴我，寫這種筆記要注意哪些地方，或有沒有推薦的寫法呢？

我只是想寫看看而已，沒有心力上網翻查，真不好意思啊(^o^;)

肯定有很多人跟我一樣吧。

無論如何，千萬拜託了m(._.)m

（讀者T）

很多心理諮商師都推薦寫「洩憤筆記」，我也是其中之一。以下介紹我個人認為頗具成效的書寫方式。

【書寫洩憤筆記的目的】

你允許自己處在這種狀況了嗎？

「可以生氣。」

「可以懷恨在心。」

「可以討厭別人。」

「可以不原諒別人。」

你也允許自己隨時有這些情緒了吧？

「超級火大！」

「絕不原諒那傢伙！」

「我死也要做鬼去抓你！」

「我要詛咒你到死！」

我的主要讀者層「自立系武鬥派女子」*中，有個名為「突擊部隊」的好鬥族群。

她們對這類憤怒、怨恨十分敏感，往往情緒一上來便拿起武器往敵陣殺過去。

這種女生通常認為：「與其寫洩憤筆記，不如直接把對方揍一頓比較快。」洩憤筆記沒有用，只能餵豬罷了。

不過，自立系武鬥派女子中，也有一群沒那麼直接的「後方待機部隊」，她們偏向用間接的方式來發洩憤恨，因此又稱「怨念部隊」、「生靈部隊」。

她們心中有一些魔咒，例如：「生氣不好」、「太衝動會給對方造成困擾」、「只要我忍一忍事情就過了」。於是壓抑怒氣、禁止自己感到憤怒，但這只是徒增了怨恨，讓自己心浮氣躁、痛苦不已。

如果這麼做是為了改善人際關係，其實只會適得其反，想友好卻做不到、想原諒卻做不到，製造更多問題。

因此，我建議大家不如承認、接受這些千仇萬恨，然後一吐為快，而

＊ 譯註：這類女生的個性主要特色有「十分熱情」、「有點大姊大傾向」、「對時尚、化妝等絕不馬虎」、「喜歡值得尊敬的男人，但愛去找男人不值得尊敬的一面」、「重視工作，也重視興趣和私人時間」、「自認無法當全職家庭主婦」、「認為性愛是一種有益健康及美容的運動」、「工作方面沒問題，但戀愛、結婚方面問題頗多」、「擔心年老的父母」、「想過著忠於自己的生活」等等。

我推薦的實踐方法就是書寫「洩憤筆記」。

其實洩憤的方法很多，直接的有「買個稻草人，在丑時用五寸釘將稻草人釘在樹上」、「常到東京、大阪一些提供丟盤子解壓的居酒屋去」，運動流汗、唱KTV都是很健康的方式，但只要帶一本筆記本就能隨時解壓的「洩憤筆記」可說更加方便。

換句話說，如果你是不太會發洩憤怒的人，那麼幫助你一吐怨氣而心情舒暢的好方法就是「洩憤筆記」。

【洩憤筆記的書寫方式】

〈正式作法〉

（準備用品）

- 和紙
- 毛筆
- 硯台
- 墨

（寫法）

帶著怨念磨墨，等情緒恰到好處時，在和紙上不急不徐地盡情寫下怨恨。

一直寫到怨恨消失為止。

〈次正式作法〉

（準備用品）

- 和紙
- 自來水筆

（寫法）

懷著憤怒，寫出對對方的怨恨。
持續寫到怒氣消失為止。
為免自來水筆沒水，最好多準備幾支。

〈簡易作法1〉

（準備用品）

- 筆記本
- 原子筆、鉛筆等

（寫法）

平常就將筆記本放在包包裡，一旦出現了令人生氣、無法原諒、心浮氣躁的事情，而你無法立即消解情緒時，就拿出筆記本，寫下內心的怨恨和痛苦。

也可用寫日記的感覺，專門撥出時間寫下正在怨恨的事；或是想修復與某人之間的關係時，也可用這種方式先清除負面情緒。

一直寫到怨恨消失為止。

〈簡易作法2〉

（準備用品）

- 手機

〈寫法〉

用手機的記事本取代實體記事本，盡情書寫。

好處是隨時隨地可寫，不怕忘記帶筆記本，別人也會以為你是在傳LINE或發推特，而能偷偷地釋放憤怒與怨恨。

不過，由於是用手機打字，要達到真正的情緒釋放效果，會比直接提筆寫字更花時間。

〈補充〉

如果遲遲無法接受自己的憤怒、無法原諒自己憤怒的話，你可以做一種練習，寫下「〇〇混蛋！」、「〇〇去死！」，寫滿一整頁，如此就能像打開水龍頭般嘩啦嘩啦地引導出憤怒洪水了。

【洩憤筆記的內容】

一切惡毒的話、千仇萬恨、憤怒、厭惡、焦躁、不滿等，不管是對某人的情緒，或是自己正感受到的情緒，都一五一十用文字表達出來。

要訣在於凡是浮現腦中的詞句，一概不假思索地直接寫出來。

不少有經驗的人表示：「竟然跑出不像是我會說出來的話，有點嚇到。」、「沒完沒了地寫出一堆生氣的話，連自己都大吃一驚。」

不過，如果你不准自己生氣，就會寫不出來。

這時，可以像前面提過的那樣，先做些練習來引導憤怒的洪水，或者只是將目前出現的情緒寫出來就好。

完全不必有「寫這個不行、不寫這個不行」的束縛。

拋開所有規則限制，只將「一個普通人發生這種事會說出怎樣的話？」盡量寫出來即可。

反正不會給別人看，最後也會直接銷毀，就別想那麼多了。

我會推薦手寫，是因為情緒容易帶進文字中，也就容易釋放出來了。

【洩憤筆記的效果】

對善良的人來說，生氣就像犯罪一般。

然而，不斷壓抑憤怒，只會被情緒壓得動彈不得。

憤怒和怨恨會在你和對方之間形成一座堅固的高牆，難以改善關係。

此外，累積憤怒更是有損健康，所以還是會建議你盡量釋放出來才是上策。

可以說，累積憤怒和怨恨，跟累積頑固的宿便沒兩樣。
大便大不出來，不是很痛苦嗎？
因此，我才說洩憤筆記是絕佳的馬桶、垃圾桶。

寫洩憤筆記能夠讓你隨時「接受憤怒，釋放憤怒」。
如此一來，你就不會再因壓抑憤怒而難受，進而能放手、原諒對方、縮短彼此的距離。

當洩憤筆記越寫越順手時，你就能直接向對方表達憤怒了。
從前因害怕關係惡化而不敢表達的憤怒，現在也可以好好表達、好好溝通了。
憤怒的溝通是一種高級的溝通，也是成熟大人的一種指標。

【洩憤筆記的處理方法】

洩憤筆記裡全都是不能讓人看到的內容，因此寫完後會想速速毀屍滅跡吧？

根據我客戶的分享，最有效的處理方法是「燒掉」。

如果你家有庭院，或者可以在陽台升火的話，請將洩憤筆記丟進火堆中。

這麼做肯定讓你神清氣爽、通體舒暢。

果然怒與火是同一掛的。

如果你用的是和紙或筆記本，也都可以丟進碎紙機。

分量不多的話，抱著恨意親手一張一張撕個粉碎，也是不錯的情緒釋放方式。

帶著憤怒捏成皺巴巴一團也很爽喔！

比起丟進垃圾桶，這些方式更能洩憤，更紓壓。

比較傷腦筋的是手機。

除了刪除訊息，也別無他法了吧？

不知道有沒有「按下刪除鍵，那一頁就會熊熊燃燒起來」的APP呢？（笑）

【補充】

情緒就像大便一樣。或許，情緒也像天氣一樣。

有情緒是沒辦法的事，釋放出來才是上策。

有情緒是沒辦法的事，接受它、配合它才是上策。

我經常這樣說。

有便意就去廁所。
下雨就撐傘。

很多人認為不能有憤怒、怨恨的情緒，因而刻意壓抑。
很多人認為憤怒會破壞關係，因而選擇「隱忍」。

但情緒上來就上來了，沒辦法。
發洩出來吧！

要安全地發洩憤怒，我推薦「洩憤筆記」。

何不也準備一本，讓自己好好發洩，然後好好放過那個讓你火大的傢伙呢？

（原文 URL: https://nemotohiroyuki.jp/everyday-psychology/15692）

變得能把「求助」掛在嘴上吧！

我想請問律己甚嚴、難以放縱自己的人一些問題。

你們是不是覺得與其找人幫忙，不如自己做比較快呢？

你們是不是覺得找人幫忙很不好意思呢？

你們是不是覺得：「這種小事怎麼能找人幫忙！」

正是因此，你們根本沒察覺到自己快崩潰了吧？

你們知道這樣下去會很危險嗎？

如果你是這種律己甚嚴、不知如何向人救助的人，建議可以做一種練習。不過，你要有心理準備，這種練習需要下一些工夫。

如果你家裡的隔音設備很好，或者你能找到一個不必擔心被任何人聽到的地方，那麼就在那裡進行，否則，請用枕頭或抱枕摀住嘴巴。

然後，腹部用力，大聲吶喊：「請幫助我——！」

通常，第一次你會叫不出聲音來，此時請再一次繼續試著大聲吶喊：「請幫助我——！」

通常，這時候你的聲音會很小，請試著再大聲一點，用力喊出：「請幫助我——！」

你的聲音是從肚子發出來的嗎？

若是，表示你這一喊，已經帶動其他的情緒了。

「好累啊——！」

「我不要！已經受不了了！」

「我不行了，我不要再自己瞎努力了！」

「好孤單啊！」

你心裡是不是湧上這些情緒了呢？有時甚至會開始掉淚、泣不成聲。

順帶一提，上面列舉的這些吶喊，都是我的客戶在諮商過程中，實際喊出來的話語。

律己甚嚴的人，字典裡往往漏掉了「請幫助我」這句話。

因此，即便瀕臨崩潰，他們仍然會單打獨鬥。

之所以選擇單打獨鬥，是因為他們覺得「自己做比較快」、「不可以給別人添麻煩」、「這種小事自己一個人做就行了」。

為了讓他們知道「並非不能向人求助」，於是我讓他們做這種吶喊「請幫助我——！」的練習。

做這項練習的同時，你會釋放一直壓抑在心中的各種情緒。

為什麼釋放情緒如此重要呢？

釋放累積在心中的情緒，能讓心靈更有空間；而有空間後，心靈將更輕盈，視野也會更開闊，人生變成彩色。

於是，便更能感受到快樂、興奮、喜悅之情。

內心有空間之後，人才能產生新的行動，接受新的價值，也才能改變既有的看法。

換句話說，律己甚嚴的人一旦解放內在的情緒，不僅能獲得解脫感，也能更佳善待自己、重視自己，自然更容易感受到幸福。

我想各位已經察覺到了。

這項練習，事實上並未實際向任何人求助。

其目的只在於容許自己「向人求助」，並藉此釋放情緒。

就釋放情緒這層意義而言，與前面的「洩憤筆記」有著異曲同工之效。

差別在於，多做幾次這個練習後，你就能慢慢接受「可以向人求助」這個觀念，進而有事時能自然而然地拜託別人、請人幫忙了。

WORK

今天，請找個時間大膽吶喊出：「請幫助我——！」然後將湧上的情緒全部發洩出來。

將「向人拜託、求助、撒嬌」當成使命

律己甚嚴的人習慣視拜託、求助、撒嬌為禁忌。

因此，即便容許自己這麼做，也不容易馬上做到。

這也無可厚非，因為他們向來都會否定拜託別人的人，也往往討厭向人撒嬌的人。

那應該要怎麼做呢？首先，你必須要允許自己「可以向別人拜託、求助、撒嬌」。

接著，找出說服自己的「理由」——

「我可以向人拜託的理由。」

「我可以向人求助的理由。」

「我可以向人撒嬌的理由。」

你可以用任何自己想像得到的方式來說服自己，重點在於務必要讓自己完全接受。

律己甚嚴的人通常是反向思考，因此可能想到的全是「不可以向人求助的理由」，但請別氣餒，好好思考一下「可以向人求助的理由」吧！

也不是想出理由就沒事了。

接下來還要繼續找出該理由正確無誤的證據。當然，也就是自己能夠完全接受的證據。

律己甚嚴的人恐怕都是在找反向證據吧？

也許你也找了一堆「不可以向人拜託的證據」、「就算向人撒嬌也得不到好處的證據」，但這次要做的事情恰恰相反。

找到證據就可以了嗎？不，還差一步。

請根據該證據，實際證明「可以向人撒嬌」。

請用行動證明你找到的理由是正確無誤的。

如此一來，**你將變成不得不向人拜託、求助、撒嬌。**

只要想出可以向人拜託的理由，並找到支持該理由的證據，那麼你採取行動的門檻就會下降一點。

想要突然往過高的門檻暴衝是很危險的，所以我們應該從「現在還做得到」的起點開始。

不實際幫客戶解決問題，而是要各位「自己找出向人撒嬌、向人求助的方法」，看似有點矛盾，但其實這就是自主解決問題的一種辦法。

當然，有時我也會給點提示：「例如有人是這樣想的啦……。」但最終還是希望客戶能自己找出自己可以完全接受的答案。

過程雖然艱辛，但只要自己找出答案並且完全接受，那麼即便露出苦笑也別無選擇，只能去實踐了。

WORK

當你有時間好好思考「可以向人撒嬌的理由」時，請務必找出自己完全接受的答案。這麼一來，你應該能確實感受到自己有了莫大的改變。

幸福是從「誤解」創造出來的

究竟，「幸福為何物？」

本書最後，讓我們一起來思考所謂的幸福。

律己甚嚴的人往往幸福感極低，這點相信你也隱約（應該說是確定）有所感才對。

我常常聽到客戶說：「明明旁人都認為我很幸福，我自己卻感覺不到。」、「我算是挺幸運的，但始終沒有幸福快樂的感覺。」

我的回答是：「如果你感覺不到幸福，那就算不上是幸福。」

「幸福與否是自己決定的」，沒有人能決定你幸不幸福。

而且，「幸福是一種感受」。**即便理智分析後的結論是：「現在的自己是幸福的。」但若內心並未認同，我想依然會感到痛苦吧？**

再說，「所謂幸福，是放縱自己時才感受得到的。」然而律己甚嚴的人慣於要求完美、追求理想、鞭策自己不斷努力再努力。換言之，他們要的是「完美的幸福」、「理想的幸福」，以及「努力後所贏得的幸福」。

這樣的幸福真的存在嗎？

「大嗑美味的甜點。」
「泡進暖呼呼的熱水澡中。」
「鑽進被窩裡。」
「和無話不談的好友聊天。」

「升一盆喜歡的火。」

……想像一下日常生活中這些小確幸的瞬間，是不是讓人心情變輕鬆了很多呢？

在這種時候，你不會處處嚴格地要求自己，也不會覺得有什麼事情不對。

在這樣的瞬間，你會感到喜悅、安心、愉快，享受當下。

這時，你甚至會有種「啊，這就是幸福吧」的感覺。

換句話說，不懂得放縱自己的人，在緊張狀態下，並不會有幸福感。

怎麼做才會有幸福感呢？就是做讓自己會笑出來的事、開心的事、好玩的事。

沒錯，你可以再放縱自己一點。

只要這麼做，你的心便會獲得鬆綁，自然能湧上幸福感。

心情放鬆時，人就不會在意芝麻小事，彷彿大腦掉了幾根螺絲般，凡事皆能寬容以對……，說句不怕你誤解的話，那狀態正是「什麼都無所謂」。

如果處在律己甚嚴的狀態，是不可能「什麼都無所謂」的。

再說得誇張一點，「幸福其實是一種誤解」。

我們每天都有好多該做的事、擔心的事，也會不安、恐懼、思緒紛飛。要將這些煩惱化為「什麼都無所謂」，非得產生「誤解」才行。

所謂「傻傻的幸福」，就是這麼回事。

要放鬆自己、自得其樂、開自己玩笑、整天笑嘻嘻，不是傻瓜恐怕很難做到。所謂傻瓜，就是因為腦袋掉了幾根螺絲，以至於對事情產生了誤解。

我的結論是，想要從律己甚嚴的人徹底變成一個幸福的人，只要當一個傻瓜，好好「誤解」即可。

請給自己一些時間，讓自己從一個「律己甚嚴的人」，變成一個「輕鬆自在的人」吧！

開始放鬆、放縱自己後，你的心裡就會開始出現空隙，變成傻瓜。如此一來，感受到「啊，這就是幸福吧」的瞬間就會越來越多。

能夠一直感受到幸福當然最理想，但不可能一蹴可及。

別心急，慢慢來。**待日常生活中，幸福的時刻一點一點增多，你將能微笑地說：「啊，總覺得我現在好幸福啊！」**

請務必從可以做的事情做起，準備迎接那一天的到來。

WORK

請想像自己變成一個傻瓜的樣子。光是這樣，你將不可思議地感到快樂、好玩，幸福滿滿。

國家圖書館出版品預行編目 (CIP) 資料

其實你不用那麼好也沒關係：變得能夠把「求救」掛在嘴上吧！幸福是從「誤解」中創造出來的 / 根本裕幸著；林美琪譯 . -- 初版 . -- 新北市：方舟文化，遠足文化事業股份有限公司，2023.01

面；　公分 . --（心靈方舟；47）
譯自：今日こそ自分を甘やかす

ISBN 978-626-7095-89-8（平裝）

1.CST: 心理衛生 2.CST: 生活指導

172.9　　　111020165

心靈方舟 0047

其實你不用那麼好也沒關係

變得能夠把「求救」掛在嘴上吧！幸福是從「誤解」中創造出來的

今日こそ自分を甘やかす

作　　者　根本裕幸
譯　　者　林美琪
封面設計　吳郁婷
內文設計　薛美惠
主　　編　林雋昀
行銷主任　許文薰
總 編 輯　林淑雯

出版者　方舟文化／遠足文化事業股份有限公司
發行　遠足文化事業股份有限公司（讀書共和國出版集團）
231 新北市新店區民權路 108-2 號 9 樓
電話：（02）2218-1417
傳真：（02）8667-1851
劃撥帳號：19504465　戶名：遠足文化事業股份有限公司
客服專線：0800-221-029　E-MAIL：service@bookrep.com.tw
網站　www.bookrep.com.tw
印製　東豪印刷事業有限公司　電話：（02）8954-1275
法律顧問　華洋法律事務所　蘇文生律師
定價　380 元
初版一刷　2023 年 1 月
初版二刷　2024 年 8 月
ISBN 978-626-7095-89-8　書號 0AHT0047

方舟文化官方網站　方舟文化讀者回函